Zwerge versetzen Berge

Marco von Münchhausen

nach einer Idee von Michael Heining

Zwerge versetzen Berge

Mit kleinen Schritten
Großes erreichen

KNAUR

Die Einschweißfolie ist biologisch abbaubar.
Dieses Buch wurde auf chlor- und säurefreiem Papier gedruckt.

Besuchen Sie uns im Internet:
www.knaur.de

Illustrationen: Gisela Aulfes
Umschlaggestaltung: ZERO Werbeagentur, München
Satz: Adobe InDesign im Verlag
Druck und Bindung: CPI – Ebner & Spiegel, Ulm
Printed in Germany
ISBN 978-3-426-65492-7

2 4 5 3 1

Vorwort

Wir leben in einer multivernetzten, beschleunigten Gesellschaft, die mit vielen Anreizen lockt, uns aber auch immer wieder vor komplexe Probleme stellt, die uns fordern – und manchmal auch überfordern. Dabei ließen sie sich meist mit verblüffend einfachen Mitteln lösen, wenn wir uns öfter auf alte Weisheiten besinnen würden, denn diese liefern uns Antworten auf viele aktuelle Fragen. Die sieben Zwerge hinter den sieben Bergen beispielsweise – ja, genau die, die einst schon Schneewittchen bei sich aufgenommen hatten –, sie hüten solche Weisheiten. Und da die Zwerge locker einige hundert Jahre alt werden, können sie uns auch heute noch ihr Wissen weitergeben. Allerdings nicht ungefragt; wir müssen uns schon zu ihnen hinbegeben.

Genau dies tut ein Nachfahre Schneewittchens, Prinz Hubertus. Ihn drücken schwere Sorgen, und er weiß keine Lösung. Da besinnt er sich darauf, bei den sieben Zwergen Rat zu suchen, denn schließlich hatten sie schon seiner Urahnin in größter Not geholfen. Was mag er hinter den sieben Bergen erfahren? Die folgende Geschichte wird es Ihnen offenbaren. Im zweiten Teil des Buches erhalten Sie dann hilfreiche Tipps, wie Sie die Weisheiten der Zwerge in Ihren Alltag umsetzen können.

Doch begeben Sie sich zunächst gemeinsam mit Hubertus auf den Weg …

ZWERGE VERSETZEN BERGE

Nach der Geschichte mit Schneewittchen waren ein paar hundert Jahre ins Land gegangen. Die königliche Familie hatte in dieser Zeit das Schloss großzügig ausgebaut, mit einer Zentralheizung und einem geheizten Schwimmbecken im ehemaligen Verlies. Im 17. Jahrhundert richtete man einen Postkutschendienst ein, der nach und nach den gesamten Personenverkehr im Land übernahm. Außerdem verdienten Schneewittchens Nachfolger ihr Geld mit einer Kupfermine, mit der Abholzung der angrenzenden Wälder, mit einer kleinen Privatbank, einigen Poststationen und dem Münzmonopol.

Aber Anfang des 21. Jahrhunderts bekam auch die königliche Familie die weltweite Wirtschafts- und Finanzkrise zu spüren. Prinz Hubertus erinnerte sich an die Berater, die damals seiner – war es seine Urururururururgroßmutter oder gar die Ururururururururururgroßmutter gewesen? – Ahnfrau geholfen hatten. Als er das seinem Wirtschaftsprüfer erzählte, lachte der nur: »Aber Hoheit, das ist doch nur ein Märchen.«

»Unsinn, Märchen! Ohne die sieben Zwerge würdest du heute nicht hier sitzen und müsstest noch als Steuerberater dein Geld verdienen.«

Der Wirtschaftsprüfer schluckte. »Aber die kleinen Kerle müssen doch längst tot sein. Und soweit ich weiß, gab es keine Zwerginnen. Also werden sie wohl ausgestorben sein.«

Es dauerte etwas, bis der Prinz seinen Wirtschaftsprüfer davon überzeugt hatte, dass Zwerge leicht und locker bis zu 700 Jahre alt werden können. Bei gesunder Kost und nicht zu anstrengender Arbeit sogar noch älter.

Also machte sich der Prinz eines Tages auf den Weg zu

den sagenhaften sieben Zwergen. Er ging zu Fuß, weil zu dem sagenhaften Ort, der hinter den sieben Bergen lag, keine Straße führte, nicht einmal ein befestigter Wanderweg oder eine Forststraße, die er mit seinem Offroader hätte befahren können. Nach einer Wanderung von drei Tagen hatte er den siebten Berg überwunden und erblickte beim Abstieg schon von weitem ein kleines Häuschen, das dem auf dem Gedenkgemälde seiner Ahnfrau zum Verwechseln ähnelte.

Es war ein niedriges Steinhäuschen, akkurat verputzt und weiß gekalkt, mit kleinen Fenstern und putzigen, rot lackierten Fensterläden. Er klopfte an die Tür, aber niemand öffnete. Wenn er es recht bedachte, war das auch kein Wunder, denn seiner Urururururururururgroßmutter war es damals ähnlich ergangen. Wie hatte sie doch berichtet? Tagsüber arbeiten die Zwerge und kommen erst gegen Abend nach Hause, um zu essen und ins Bett zu gehen.

Der Prinz drückte vorsichtig die Klinke, und tatsächlich – die Tür war nicht verschlossen und öffnete sich. Und weil er ein Gefühl der Vertrautheit und der Verbindung seiner Familie mit diesen Zwergen verspürte, hatte er auch kein schlechtes Gewissen, hier einzutreten.

Alles war so, wie Schneewittchen es berichtet hatte und wie es in dem alten Buch der Familie aufgezeichnet war: Das Zimmerchen mit der langen Tafel, bedeckt mit einem weißen, linnenen Tischtuch, darauf sieben Tellerchen, sieben Becherchen und sieben Löffelchen, dann das Schlafzimmer mit den sieben Bettchen, das Badezimmer mit den sieben Waschbecken und der Schuhschrank, dessen sieben Laden leer standen. Alles war so, wie Königin

Schneewittchen es einst in ihren Memoiren beschrieben hatte. Nur eines hatte sie wohl vergessen, oder er hatte die Stelle in ihren Erinnerungen überlesen, dass nämlich im Flur des Häuschens ein großes Bild hing. Es war das einzige Bild im Haus. Auf einer Holzplatte war ein cremefarbener Seidenstoff aufgezogen, auf dem mit goldenen Fäden Worte aufgestickt waren. Der polierte Ebenholzrahmen war mit filigran geschnitzten Herzen und Hüten geschmückt, die wiederum mit Blattgold ausgelegt waren. Es war schwer, die Wörter auf diesem Bild zu entziffern, denn der Text war in der uralten Schrift geschrieben, die zu Schneewittchens Zeit üblich gewesen war, aber der Prinz verstand wenigstens so viel: Es waren sieben Merksätze, die untereinander auf den Stoff gestickt waren. Der Anfangsbuchstabe jedes neuen Satzes war größer und reich verziert. Nach einer guten Weile schien es dem Prinzen so, als hätte er den ersten Satz entziffert. Er lautete:

Von vorne betrachtet, wiegt der Sack der Sorgen mehr als von hinten gesehen.

Der junge Prinz war derart in die Betrachtung des Bildes versunken, dass er nicht merkte, als jemand hinter ihm die Tür öffnete, das Haus betrat und hinter ihm stehen blieb. Deshalb fuhr er auch erschrocken zusammen, als ihn etwas am Ärmel zupfte und eine freundliche Stimme sagte: »Der junge Herr interessiert sich für die … Regeln?!«

Der Prinz drehte sich blitzschnell um, aber niemand war hinter ihm zu sehen. Da dachte er daran, wo er sich befand, und blickte nach unten. Und tatsächlich: Da stand ein Zwerg, ein Männchen mit einer roten Mütze, einem blauen Leinenwams und schweren Lederstiefeln und einem Gesicht, das aus Tausenden von Falten und Runzeln zu bestehen schien. Aber aus dem Gesicht strahlte ihm ein Lächeln entgegen, das dem Prinzen das Herz wärmte.

»Moment mal«, sagte der Zwerg und stellte sich auf die Zehenspitzen, um das Gesicht des Prinzen besser sehen zu können, »Eure Züge kommen mir vertraut vor. Sie erinnern mich ... ja, das muss nun schon an die 573 Jahre her sein ... an einen lieben Besuch, an unser Schneewittchen.«

»Das war meine Urururururururururgroßmutter«, sagte der Prinz und staunte über das Gedächtnis des kleinen Mannes.

Der kleine Mann schien nicht überrascht zu sein, einen Nachkommen der legendären Prinzessin zu treffen, die vor über 500 Jahren hier einmal gewohnt hatte. Er ergriff die Hand des Prinzen und schüttelte sie.

»Sehr erfreut. Ihre Urururururururururgroßmutter war wirklich etwas ganz Besonderes!«

»Stimmt«, sagte der Prinz. »Man hat ihre Geschichte sogar in Büchern aufgeschrieben, und inzwischen kennt man Schneewittchen fast überall auf dieser Welt. Natürlich auch die sieben Zwerge«, fügte er pflichtschuldig hinzu.

»Na, na«, sagte der Zwerg und zwinkerte ihm vergnügt zu, »das glaube ich eher nicht. Ich meine, vielleicht GLAUBEN ein paar Menschen uns zu kennen, aber die wahre Geschichte der sieben Zwerge kennen sie ganz bestimmt nicht.«

Der Prinz wusste nicht, was der grinsende kleine Mann

damit meinte, aber er wollte ihm auch nicht widersprechen.

»Vielleicht haben Sie recht, und vielleicht hat meine Ahnfrau nicht alles erzählt, was sie hier erlebt hat.«

Und nach einer kurzen Pause setzte er hinzu: »Von diesem seltsamen Bild zum Beispiel hat sie nie etwas erzählt. Hing das zu ihrer Zeit schon hier?«

Der Zwerg nickte. »Aber ja! Das sind die Regeln. Ohne sie kann man nicht leben. Oder jedenfalls nur sehr schwer und unbequem. Wussten Sie das nicht?«

»Nein. Ich kann sie auch nur sehr schwer entziffern. Es ist eine ungewohnte Schrift.«

»Na ja«, sagte der Zwerg, »ich kann Ihnen ja hin und wieder Nachhilfeunterricht geben, wenn Sie das wirklich interessiert. Kommen Sie doch einmal die Woche vorbei – Montagnachmittag würde gut passen. Wir sind ja nur einen Katzensprung vom Schloss entfernt.«

Der Prinz lachte. »Einen Katzensprung! Ich war ganze drei Tage unterwegs. Ich bin jeden dieser verdammten Berge hinaufgeklettert und wieder heruntergestolpert …«

»Soso«, sagte der Zwerg und strich sich lächelnd seinen langen Bart, »dann hätte es Ihnen sicher geholfen, wenn Sie die erste Regel gekannt hätten.«

»Die erste Regel? Dieser Sack der Sorgen, der, von hinten betrachtet, weniger wiegt als von vorne?«

»Genau. Wie war die Adresse der sieben Zwerge doch gleich?«

»Bei den sieben Zwergen, hinter den sieben Bergen …«, rezitierte der Prinz die Stelle aus dem Märchen, das jedes Kind auf der Welt kennt.

»Aha! *Hinter* den sieben Bergen! Es ist keine Rede davon, dass man *über* alle sieben Berge klettern muss. Wenn das unser Briefträger täte, bekämen wir höchstens zweimal im Monat Post.«

Der Prinz starrte den Zwerg verständnislos an. Dessen Lächeln wurde immer breiter.

»Außerdem wohnen wir nicht auf einem Berg, sondern dahinter. Und wenn man seine Position verändert, wird ganz schnell aus *hinter dem Berg – vor dem Berg*. Wissen Sie, wie man das macht?«

»Man geht um den Berg herum?«

»Na ja, so ähnlich«, sagte der Zwerg. »Bedenken Sie, dass unsere Adresse nur deshalb so anstrengend zu sein scheint, weil sie *hinter den sieben Bergen* lautet. Aber wer hat gesagt, dass man sieben Berge überwinden muss, um zu uns zu kommen? Es könnte nämlich auch heißen: hinter den sieben Tälern. Das würde doch viel einladender klingen, oder?«

»Stimmt«, sagte der Prinz, dem langsam ein Licht aufging.

»Wir leben aber gerne hinter den sieben Bergen, denn das bedeutet nichts anderes als: ganz weit weg, ein sehr beschwerlicher Weg, und man sollte sich gut überlegen, ob man eine solche Anstrengung auf sich nehmen will! Warum auch? Schließlich glauben die meisten Menschen, Schneewittchen und die sieben Zwerge sind nur ein Märchen – und falls nicht, sind die Zwerge doch bestimmt längst gestorben. Habe ich nicht recht?«

Der Prinz nickte. »Mein Wirtschaftsprüfer glaubt das auch.«

»Und trotzdem haben Sie die beschwerliche Wanderung auf sich genommen.« Der Zwerg schaute den Prinzen prüfend an.

Der seufzte. »Ja. Es sind besondere Umstände eingetreten. Viele Generationen ging alles seinen geregelten Gang. Die königliche Familie war angesehen und verdiente nicht schlecht durch die Anteile an den Silberminen und mit dem Postkutschendienst, an dem Holz unserer Wälder, an Sonderbriefmarken und den Torten unserer Hofbäckerei. Inzwischen machen wir sogar Führungen durch das Schloss und haben einen Andenkenladen eröffnet. Aber durch die Finanzkrise haben wir viel verloren, und nach der neuen Steuerreform sind Schlossrenovierungen nicht mehr abzugsfähig. Wir stecken ziemlich in der Tinte. Und da erinnerte ich mich an die alte Weissagung: *Wenn einst nur noch Not geblieben, helfen dir der Zwerge sieben.*«

Der Prinz machte eine Pause und ließ den Kopf hängen.

»Aber vielleicht hätte ich doch nicht kommen sollen. Das moderne Leben ist sehr kompliziert geworden. Wahrscheinlich viel zu kompliziert für …«

»… für einen Zwerg?«, fragte der Zwerg und lächelte.

»Ja. Tut mir leid.«

»Schon gut«, sagte der Zwerg, nahm den Prinzen am Ärmel und zog ihn ins Esszimmer. »Irgendwann musste ja mal jemand aus der Familie vorbeischauen. Ich beschwere mich doch gar nicht!«

Er bot seinem Gast einen Stuhl an und holte aus einer Glasvitrine einen kleinen Becher, den achten.

»Das war der von Schneewittchen«, sagte der Zwerg

und streichelte gedankenverloren den Porzellanbecher, auf dessen himmelblauer Glasur ein goldenes Krönchen aufgemalt war. Er goss etwas Tee in den Becher und reichte ihn dem Prinzen.

»Was könnte einem Menschen, noch dazu einem Prinzen aus dem Geschlecht Schneewittchens, denn solche Sorgen machen?«, sagte der Zwerg. »Ach, ich hab's: Es sind die Riesen!«

Der Prinz schaute den Zwerg verwundert an. Dann, nach einigem Nachdenken, lachte er und sagte: »Man könnte es tatsächlich so nennen. Natürlich sind es keine wirklichen Riesen, denn die gibt es ja ebenso wenig wie … ähhh …«

Das letzte Wort verschluckte er und bekam einen roten Kopf. »Es sind eher gewaltige, unübersehbare Probleme, die sich vor einem auftürmen. Es ist also eher das System Riesen.«

»Wer hat hier etwas von Riesen gesagt?!«, ertönte eine Stimme hinter dem Rücken des Prinzen, und als der sich umdrehte, sah er sechs Männlein in der offenen Tür stehen.

»Darf ich vorstellen – das hier ist der Rest der sieben Zwerge.«

Es wurde ein netter Abend. Es gab einen original Pichelsteiner Eintopf, was dem Prinzen sehr gefiel, weil er endlich einmal die »bürgerliche Küche« genießen konnte, die es im Schloss nicht gab.

»Köstlich. Wer kocht denn bei euch?«

»Wir wechseln uns ab«, sagte der Zwerg, der den Prinzen empfangen hatte und der sich inzwischen als der

Montagszwerg vorgestellt hatte. Der Einfachheit halber hatten sich die sieben Zwerge nach den sieben Wochentagen benannt.

»Jeden Tag ist ein anderer an der Reihe. Küchendienst. Das kennst du doch bestimmt aus deiner Wohngemeinschaftszeit.«

Aber der Prinz hatte natürlich nie in einer WG gelebt. Er hatte sein Studium der Volks- und Betriebswirtschaftslehre in Oxford absolviert. Gewohnt hatte er in einer Luxussuite im *Macdonald Randolph Hotel*, dem besten Haus in der Stadt.

»Kochen, Abwaschen, Fensterputzen …«, dozierte der Zwerg weiter, »… das muss alles zur Gewohnheit werden. Gehört zum Leben wie Zähneputzen oder Haareschneiden.«

»Aber kocht jeder von euch gleich gut? Da wird es doch Unterschiede geben«, sagte Prinz Hubertus.

»Wir haben ein Rezeptbuch. Darin stehen 28 Rezepte, solche Köstlichkeiten wie gefüllte Paprika, Kalbsrollbraten, Forelle Müllerin, falscher Hase und so. Du siehst, wir bevorzugen die konservative Küche.«

»28 Gerichte, das kommt mir etwas wenig vor«, sagte der Prinz.

»Das bedeutet aber nicht, dass ein Gericht immer gleich schmeckt, egal wer es zubereitet. Man sollte niemals ein Rezept mit seiner Ausführung verwechseln. Das ist so ähnlich wie bei Theorie und Praxis. Die Theorie mag immer dieselbe sein, aber in der Praxis sieht das Ergebnis jedes Mal anders aus. So ist es auch beim Kochen. Wenn ich den Pichelsteiner Eintopf koche, schmeckt er anders, als wenn ihn der Dienstagszwerg kocht, und beim Donnerstagszwerg schmeckt er wieder völlig anders. Verstehst du, da werden aus 28 Rezepten plötzlich fast 200 verschiedene Gerichte. 196, um ganz genau zu sein!«

»Es kommt also nicht nur darauf an, was man macht, sondern auch, wer es macht?«, fragte der Prinz. »Ist das etwa schon so eine Weisheit, wegen der ich gekommen bin?«

»Das kannst du meinetwegen so verstehen«, sagte der Montagszwerg. »Obwohl ich das eher als eine kleine Kostprobe verstehen würde – als *amuse gueule*, wenn wir schon beim Kochen sind. Ein philosophischer Gruß aus der Küche.«

Die sieben Zwerge lachten.

Danach berieten sie sich, wie der Crashkurs für den jungen Prinzen aussehen sollte. Sie einigten sich darauf, ihrem Siebener-Prinzip treu zu bleiben. Jeder Zwerg sollte den Nachfahren von Schneewittchen für einen Tag betreuen und ihm einen speziellen Aspekt der Regeln erklären.

»Aber das dauert doch eine ganze Woche. Geht es nicht etwas schneller?«, sagte der Prinz. »Wenn ihr schon einen Crashkurs macht, könnte der nicht auch ein bisschen flotter ablaufen? Vielleicht erklärt mir einer von euch einfach die sieben goldenen Regeln auf dem Bild im Flur.«

»Alles kann man schnell und langsam machen«, sagte der Freitagszwerg. »Aber wir machen es eben auf unsere Weise. Du wirst schon sehen, dass es Zeit braucht, um etwas so Wichtiges wie eine goldene Regel zu verstehen. Natürlich hätte Schneewittchen damals auch nicht vom vergifteten Apfel abbeißen müssen …«

»Wir haben sie schließlich gewarnt!«, rief der Sonntagszwerg.

»... aber andererseits hätte sie dann auch etwas Wichtiges verpasst. An manche Regeln kann man sich nämlich nur halten, wenn man am eigenen Leib erfahren hat, warum sie gut und richtig sind.«

Das sah der Prinz schließlich doch ein und ließ sich von seinen Gastgebern in sein Schlafzimmer führen. Er legte sich in das Bett, in dem vor ein paar hundert Jahren seine Urururururururururgroßmutter gelegen hatte, und schlief bald ein. Er war erschöpft. Schließlich war er über sieben Berge gestiegen, auch wenn er sich das anscheinend hätte sparen können.

MONTAG

Als der Prinz nach einem unruhigen Schlaf, der durchweht war von seltsamen Träumen, am nächsten Morgen aufwachte, schien die Sonne durch die kleinen, runden Butzenscheiben und warf bunte Lichter auf das Federbett. Im Badezimmer fand er ein achtes Handtuch, einen achten Waschlappen, ein achtes Zahnputzglas und eine achte Zahnbürste. Sehr aufmerksam, diese Zwerge, dachte er.

In der Küche saß der Montagszwerg vor zwei Tassen mit dampfendem Milchkaffee.

»Wo sind denn die anderen?«, fragte der Prinz.

»Die sind schon lange bei der Arbeit. Zwerge sind Frühaufsteher. Aber das alleine ist noch kein Erfolgsrezept – nur dass wir uns da nicht missverstehen.«

»Und was machen wir heute?«

»Wir steigen auf den Aussichtsturm. Schließlich soll ich dir die erste Regel beibringen. Mal sehen, ob du gute Augen hast.«

»Ich kann sogar sehr gut sehen. Bei der letzten Augenuntersuchung wurde mir eine 120-prozentige Sehschärfe attestiert. In unserer Familie war das schon immer so. Adleraugen! Erst im Alter werden die Augen schlechter. Sogar Schneewittchen musste eine Brille tragen, als sie Großmutter war.«

»Ach? Und wozu brauchte sie diese Brille? Für die Nähe oder für die Ferne?«

»Zum Lesen. Sie war weitsichtig geworden.«

»Das ist bei älteren Menschen oft der Fall«, sagte der Montagszwerg und lächelte. »Vielleicht bist du nach dieser Woche auch ein bisschen weitsichtig geworden – natürlich ohne eine Brille zu benötigen. Aber jetzt trink deinen Kaffee, wir müssen langsam los.«

Die beiden marschierten über einen gewundenen, mit buntem Kies bestreuten Weg, bis sie zu einem Pfahl kamen, an den ein paar verwitterte Holzschilder genagelt waren. Sie wiesen in alle vier Himmelsrichtungen, und auf den Schildern stand: »Bergwerk«, »Haus der sieben Zwerge«, »Brücke über die Böllerschlucht« und »Aussichtsturm«. Der Prinz wollte die Richtung einschlagen, in die das Schild mit der Aufschrift »Aussichtsturm« wies, aber der Montagszwerg hielt ihn am Sakko fest.

»Nein, wir nehmen die Abkürzung über die Brücke.«

»Aber auf diesem Schild steht doch: Aussichtsturm.«

»Das stimmt auch. Aber über die Brücke ist es eben kürzer.«

»Sollten dann nicht beide Schilder in dieselbe Richtung weisen?«

Der Montagszwerg verdrehte die Augen. »Willst du jetzt mir etwas beibringen? Ich dachte, wir hätten das umgekehrt geplant.«

»Aber wenn es doch falsch ist!«

Der Montagszwerg seufzte. »Ich habe dir doch gestern schon bei deiner Ankunft erklärt, dass sich Wege manchmal mit der Perspektive ändern. Ich sage nur: Hinter den sieben Bergen …«

»Schon gut«, sagte der Prinz, »aber wenigstens die Richtung muss doch stimmen.«

»Tut sie ja. Man kommt auf beiden Wegen zum Aussichtsturm. Der eine ist nur kürzer.«

»Dann müsste das Schild doch den kürzeren Weg weisen.«

»So? Ist das die Aufgabe von Schildern? Ich dachte immer, sie dürften nur nicht den falschen Weg weisen. Schilder geben nur die Richtung an, aber sie sagen nichts darüber aus, ob ein Weg lang oder kurz, beschwerlich oder einfach ist. Anders ist es beim Skifahren. Wenn du oben auf einem Berg stehst, würde es ausreichen, wenn da ein Schild stünde mit der Aufschrift ›nach unten‹. Aber wie kommt man nach unten? Durch die steile Klamm oder über die sanften Hügel? Deshalb haben sich die Skifahrer etwas einfallen lassen. Sie schreiben ›nach unten‹ auf verschiedenfarbige Schilder. Es gibt ein grünes ›nach unten‹, ein rotes ›nach unten‹ und ein schwarzes ›nach unten‹, und jeder Skifahrer weiß, dass die schwarze Abfahrt die schnellste, aber auch die gefährlichste ist.«

»Und die grüne die leichteste«, sagte der Prinz. »Jaja, das weiß ich schon. Um so etwas zu lernen, bin ich nicht über sieben Berge geklettert.«

»Eben. Das war schon der erste Fehler«, kicherte der Zwerg, »dass du dem falschen Schild gefolgt bist. Statt der grünen hast du die schwarze Abfahrt genommen. Doch jetzt komm endlich.«

Und der kleine Mann lief mit erstaunlichem Tempo los. Nach ein paar Minuten kamen sie an eine Hängebrücke, die sich über eine gewaltige Schlucht spannte. Es war der einzige Übergang über die Böller, einen tiefen und reißenden Gebirgsfluss, den zu durchschwimmen noch nie jemand gewagt hatte. Der Boden der Brücke bestand aus Eichenbohlen, die mit zwei starken Seilen aneinandergebunden waren. Als Handlauf waren zwei weitere Seile gespannt, das war alles. Es sah nicht sehr vertrauenerweckend aus. Der Prinz blieb am Beginn der Brücke stehen und spähte in den Abgrund. Er war so tief, dass er nicht einmal sicher sagen konnte, ob dort unten Bäume oder Primeln wuchsen.

Als sie den Aussichtsturm endlich erreicht hatten, war der Prinz schon recht müde. Er war solche Gewaltmärsche einfach nicht gewohnt und von der Wanderung über die sieben Berge immer noch erschöpft. Doch trotz aller Müdigkeit hatte er das Gefühl, als würde ihm diese neue, ungewohnte Aktivität guttun. Er war in letzter Zeit wegen all dieser Sorgen und Probleme kaum mehr dazu gekommen, auszureiten oder mit seiner Frau Tennis zu spielen. Die letzten Monate hatte er mit seinen Schreibern und Buchhaltern im Büro gesessen und sich durch Hunderte von Briefen, Rechnungen und Angeboten gearbeitet, wobei ihn manchmal das schreckliche Gefühl beschlichen hatte, er könnte immer wieder dieselben Schriftstücke zur Hand genommen haben. Davon erzählte er dem Zwerg, als er hinter ihm die Leiter zur Aussichtsplattform hinaufstieg.

»Dann machst du dir also Sorgen um dein Schloss?«

»Es ist nicht nur das Schloss. Wir sind inzwischen zu einem Wirtschaftsunternehmen geworden. Denn die märchenhaften Zeiten sind vorüber, als ein König sich von seinen Untertanen noch alles bezahlen ließ.«

»Jaja, früher war alles besser«, sagte der Zwerg mit einem listigen Lächeln, das der Prinz jedoch nicht sehen

konnte, weil er sich hinter ihm die steile Leiter emporkämpfte.

»Nein, so habe ich das nicht gemeint. Als aufgeklärter Monarch muss ich sogar sagen: Gott sei Dank, dass die alten Zeiten vorüber sind. Wir müssen nicht mehr für unsere Untertanen in den Krieg ziehen, und es gibt auch keine Drachen mehr. Es hat eben alles seine zwei Seiten.«

»Gut bemerkt«, sagte der Zwerg. »Ein paar wichtige Dinge scheinst du schon kapiert zu haben. Die Frage ist nur, ob du sie nur verstanden hast oder ob du auch schon danach lebst. Aber dafür sind ja wir da.«

Sie waren endlich auf der Aussichtsplattform angekommen, einem aus dicken Eichenplanken gezimmerten Quadrat, kaum größer als das königliche Doppelbett, mit einem brusthohen Geländer, das allen Besuchern Halt und Sicherheit geben sollte, die in dieser Höhe von einem plötzlichen Schwindel erfasst wurden. Allerdings bezog sich die Brusthöhe auf die Größe der Zwerge – für den Prinzen bedeutete es also eher Kniehöhe. Er stand schwer atmend neben dem Montagszwerg und bewunderte das eindrucksvolle Panorama, das sich vor seinen Füßen ausbreitete. Schroffe Täler durchschnitten die dicht bewaldeten sieben Berge, die an ihren Flanken von wilden Bergbächen durchzogen waren, donnernden Springfluten, die zu Tal rauschten und sich dort zu einem gewaltigen Strom vereinigten.

»Du kannst von hier aus dein Schloss sehen«, sagte der Zwerg. »Vielleicht möchtest du mal einen Blick darauf werfen? Nur so, um zu sehen, ob alles in Ordnung ist.«

Der Zwerg reichte dem Prinzen ein altes Fernrohr, das

aus vier Kupferrohren bestand, die, auseinandergezogen, eine Vergrößerung ergaben, mit der man auf einen Kilometer Entfernung noch den Wert einer Briefmarke ausmachen konnte.

Er setzte das Fernrohr an sein rechtes Auge, kniff das linke zusammen, und plötzlich tauchte sein Schloss vor ihm auf – so nahe, wie er es gewöhnlich sah, wenn er mit seinem Landrover aus der Stadt kam und über die Zugbrücke fuhr.

»Das ist ja unglaublich!«, rief er begeistert. »Da bin ich drei Tage lang gelaufen und geklettert, und mit diesem Fernrohr bin ich in einer Sekunde wieder zu Hause. Wenn ich nicht wüsste, dass es einfachste Physik ist, die richtige Aneinanderreihung optischer Linsen nämlich, würde ich das glatt für Zauberei halten.«

Der Zwerg lächelte.

»Was siehst du?«, fragte er den Prinzen.

»Das Schloss ist so nahe und deutlich zu sehen, dass ich das Gefühl habe, ich könnte die Mauer berühren, wenn ich meine Hand ausstrecke. Das ist wirklich ein sehr gutes Fernrohr. Ich kann den Hofjäger sehen, der gerade mit einem Rehbock auf der Schulter zum Haupttor hineingeht. Meine Frau sitzt mit ihrer Hofdame am Fenster des grünen Salons, und die beiden trinken Tee und essen … Moment … ja, Zimtschnecken. Ein prächtiges Fernrohr!«

»Und? Was siehst du noch?«

»Ich kann durch das Fenster in die große Schreibstube sehen, durch die man geht, bevor man in mein Büro kommt. Oje …«

Der Prinz verstummte und umklammerte das Fern-

rohr fester, so fest, dass die Knöchel seiner Finger weiß wurden.

Der Zwerg hüstelte.

»Ich sehe … Helmhardt, meinen Oberbuchhalter, der mit einem Brief herumwedelt. Es sieht nach einem offiziellen Schreiben aus, vielleicht vom Finanzamt. Und Helmhardt ist ein ruhiger Geselle, den so schnell nichts aus der Ruhe bringt. Verdammt, ich hätte mein Handy mitnehmen sollen.«

»Kein Empfang hinter den sieben Bergen«, sagte der Zwerg. »Da musst du dir schon anders behelfen.«

»Aber wie? Wahrscheinlich ist dort gerade eine entsetzliche Nachricht eingetroffen. Vielleicht sind die Subventionen für die Wiederaufforstung gestrichen worden – oder wir bekommen eine Steuerprüfung!«

»Du kannst eine noch stärkere Vergrößerung einstellen«, sagte der Zwerg und drehte an einem Ring des Fernrohrs.

»Tatsächlich! Jetzt kann ich sogar seine Armbanduhr ablesen«, rief der Prinz aufgeregt, »und er hat einen Fleck vom Frühstücksei auf seiner Krawatte … aber das Schriftstück kann ich nicht erkennen. Er hat es wieder hingelegt. Was es nur ist?«

»Das scheint dir ja große Sorgen zu machen.«

»Natürlich. Ich habe euch doch erzählt, wie schlimm es um die Schloss AG steht. Die Schlossbrauerei ist in den roten Zahlen, der Andenkenladen muss renoviert werden, die Zentralheizung ist ausgefallen, die Zugbrücke braucht einen neuen Elektromotor – und das Cabrio meiner Frau ist nicht durch den TÜV gekommen.«

»Vielleicht solltest du einmal die Perspektive wechseln.«

Der Prinz schwenkte das Fernrohr hin und her und drehte am Einstellrad.

»Das meine ich nicht. Ich würde das Fernrohr einfach einmal umdrehen.«

»So ein Unfug!«, sagte der Prinz, aber er drehte das Fernrohr tatsächlich herum und schaute durch das dicke Ende. Er wurde still. Das, was er sah, schien ihm zu gefallen.

»Na, was siehst du?«, fragte der Zwerg.

»Das Schloss. Aber nun ist es winzig klein und ganz weit weg … aber es ist wunderschön … so habe ich es lange nicht mehr gesehen. Inmitten der Wälder, und der Wasserfall, der vom Drachenstein herunterstürzt, die Wolken, die hoch darüber hinwegziehen … und die bunten Fahnen flattern im Wind. Es ist wunderschön, wie auf einer Ansichtskarte. Ruhig und friedlich.«

»Erstaunlich«, sagte der Zwerg. »Und gerade empfandest du noch alles als hektisch und bedrohlich.«

Der Prinz konnte sich kaum noch losreißen von dem umgedrehten Fernrohr.

»So einfach ist das also«, flüsterte er. »Nur das Fernrohr umdrehen und schon …«

»Nein. So einfach ist es natürlich nicht. Aber es ist ein guter Anfang. Du siehst, je näher du einem Problem kommst, umso größer wird es. Aber es wird nicht unbedingt auch klarer und in all seinen Facetten zu erkennen. Ist es ganz weit weg, kann man es fast nicht mehr sehen – aber das ist natürlich auch keine Lösung. Wegsehen und die Augen zukneifen ist nie eine Lösung. Aber man kann die Perspektive wechseln. Das verstehst du doch?«

»Klar. Das kann man bei unserer Ahnengalerie im

Schloss gut sehen. Die allerersten Bilder hatten noch keine richtige Perspektive. Sie waren flach gemalte Szenen, fast wie Kinderzeichnungen. Erst in der Renaissance wurde die Zentralperspektive entdeckt und mit der *Camera obscura* abgebildet. So konnte man auf einer zweidimensionalen Fläche drei Dimensionen abbilden.«

»Du scheinst dich ja ganz gut auszukennen.«

»Kunstgeschichte, Leistungskurs«, sagte der Prinz nicht ohne Stolz. »Ich könnte dir alles über die Entwicklung der perspektivischen Malerei erzählen, die Ansicht mit einem und mehreren Fluchtpunkten, die Vogel- und die Froschperspektive, Ansicht und Aufsicht, Kavaliers- und Militärperspektive …«

»Gutgutgut!«, sagte der Zwerg und streckte die Hände abwehrend von sich. »Ich sehe schon, du bist ein Fachmann für Perspektiven. Umso mehr erstaunt es mich, dass du so schlecht damit umgehen kannst. Du scheinst nämlich nicht zu wissen, warum es all diese Perspektiven überhaupt gibt.«

»Ganz einfach. Um die Wirklichkeit möglichst genau und naturgetreu abzubilden.«

»Ja, das ist manchmal schon hilfreich«, sagte der Montagszwerg, »aber noch hilfreicher ist es gewöhnlich, seinen Aussichtspunkt zu ändern, Dinge wie Probleme aus einer anderen Perspektive zu betrachten. Du kennst dich doch so gut aus mit den Perspektiven. Wie, meinst du, wirkt ein Problem bedrohlicher – aus der Froschperspektive oder aus der Vogelperspektive?«

»Aus der Froschperspektive natürlich. Denn von ganz weit oben gesehen, wirkt alles klein und belanglos. Wenn man dagegen selber klein ist und sich das Problem vor

Aussichtsturm
Brücke über Böllenschlucht
Bergwerk
Haus der sieben Zwerge
Aussichtsturm

einem auftürmt wie eine gewaltige Mauer – dann scheint jedes Problem unüberwindlich.«

»Deshalb ist es wichtig, möglichst oft die Perspektive zu wechseln. Nimm jedes Problem als Herausforderung und als Chance zu wachsen. Wechsle deinen Standpunkt, bis du alle Seiten des Problems verstehst. Dabei findest du oft die beste Lösung. Lass dir nicht die Sicht verstellen, sondern betrachte dein Problem aus allen Perspektiven. Wenn du ein Problem so gründlich untersuchst, wird es meist klein und kleiner. Und wenn du mit einem anderen Menschen ein Problem hast, versuche dich in ihn hineinzuversetzen. Dann bist du selbst es, der dir die beste Lösung anbieten kann. Das Wichtigste beim Perspektivwechsel ist es jedoch, dass man dabei manche Probleme als das erkennt, was sie wirklich sind: Scheinriesen. Vielleicht kennst du ja einen Kollegen von uns, den Scheinriesen Tur Tur aus *Jim Knopf und Lukas der Lokomotivführer*. Oder hast du etwa nur Märchen gelesen, als du klein warst?«

Der Prinz gab zu, dass er Jim Knopf durchaus kannte.

»Dann weißt du ja, was ein Scheinriese ist. Er wird immer größer, je weiter man sich von ihm entfernt. Und es ist wie so oft Ansichtssache: Auch kleine Leute können große Schatten werfen, wenn sie wollen. Deshalb ist es wichtig herauszubekommen, ob du nur Schein oder nur Schatten siehst. Je länger man auf ein Problem von derselben Seite aus starrt, umso eher erscheint es uns als unlösbar. Betrachte das Problem von allen Seiten, von oben und unten, von links und rechts, aus den Augen deiner Eltern und deiner Kinder, deiner Frau, eines Polizisten oder eines Zauberers. Schau es dir komplett an und in seinen

Einzelteilen. Oft genügt es, wenn du nur einen Teil des Problems löst – dann erledigt sich der Rest wie von selbst. Und du brauchst auch kein Fernrohr für verschiedene Perspektiven. Du kannst einfach nahe herangehen an das Problem, es betasten und daran riechen, und vielleicht stellst du dann fest, dass es gar kein Problem ist, sondern eine spannende Herausforderung.«

»Das wäre zu überlegen«, sagte der Prinz, dem von der langen Ansprache der Kopf zu rauchen begann.

Während der letzten Minuten hatte sich der Himmel in erstaunlicher Geschwindigkeit verdüstert. Dunkle Gewitterwolken ballten sich über dem Aussichtsturm zusammen, und plötzlich flammte ein Blitz auf, gefolgt von einem infernalischen Krachen.

»Nichts wie weg!«, schrie der Prinz. »Bei einem Gewitter ist der höchste Punkt eines Aussichtsturms bestimmt nicht der sicherste Ort. Und da hilft auch kein Perspektivwechsel, das ist keine Ansichtssache. Komm schnell, wir steigen ab!«

»Aber warum denn so umständlich«, sagte der Zwerg. »Lass uns doch das Brücklein nehmen.« Er deutete auf eine schmale Holzbrücke, die von der Aussichtsplattform geradewegs zum nächsten Berggipfel führte, keine 20 Schritte weit. Der Prinz hatte sie nicht gesehen, wahrscheinlich weil man auf der Spitze eines Aussichtsturms einfach keine Brücke erwartet. Ansichtssache.

Die beiden liefen im einsetzenden Regen über die Brücke hinüber zum rettenden Bergrücken. Nach ein paar Metern stießen sie auf den Weg, der sie zur Kreuzung brachte. Es war der Weg, der als *Zum Aussichtsturm* ausgeschildert war.

»Wieso haben wir denn diesen beschwerlichen Aufstieg unternommen, wenn es einen ganz einfachen Weg zur Plattform gibt?«

»Ganz einfach. Wer auf einen Aussichtsturm will, muss hinaufsteigen. Sonst glaubt man nicht, dass man eine Aussicht hat. Wer, ohne zu klettern, oben ankommt, glaubt nicht, dass er oben ist. So einfach ist das.«

»Das ist doch völliger Blödsinn!«, rief der Prinz, der im strömenden Regen neben dem Montagszwerg herrannte. »Ich muss doch keine Stufen hinaufklettern, nur damit ich glaube, dass ich oben bin!«

»Na prima, dann hast du heute ja einiges über Perspektive gelernt«, sagte der Zwerg zufrieden.

Als sie bei der Kreuzung ankamen, waren sie beide pitschnass. Der Montagszwerg hatte nicht gelogen: Der Weg über die Böllerschluchtbrücke war wirklich viel kürzer.

Beim Abendessen konnte der Prinz seine neuen Erkenntnisse schon anwenden. Die Portion Bratkartoffeln mit Spinat und Spiegelei, die er auf seinem Teller fand, war nicht gerade üppig. Eine echte Zwergenportion eben.

»Jaja, alles Ansichtssache«, seufzte der Prinz. »Das habe ich nun kapiert. Unter einer Uhrmacherlupe würde diese Portion geradezu gewaltig aussehen.«

»Du könntest deine Portion natürlich auch mit einem winzig kleinen Löffelchen essen«, sagte der Montagszwerg. »Dadurch würdest du auch die Perspektive wechseln.«

»Schneewittchens Stiefmutter hat dieses Prinzip leider nicht verstanden, und das war ihr Untergang. Hätte sie

nur einmal die Perspektive gewechselt und etwa den Spiegel gefragt: ›Wer ist die freundlichste Stiefmutter im Reich?‹, ›Wer backt den besten Apfelkuchen?‹, ›Wer hat den größten Schuhschrank?‹, wäre sie nicht so kläglich umgekommen. Aber sie war eben zu fixiert auf die eigene Schönheit. Das war ihr Fehler.«

»Andererseits hätten wir sonst niemals Schneewittchen kennengelernt«, sagte der Donnerstagszwerg.

»Und Hubertus hätte heute keine Zwergenportion bekommen!«, rief der Sonntagszwerg.

Die sieben lachten.

Der Prinz musste sich eingestehen, dass er sich lange nicht mehr so gut amüsiert hatte wie hier hinter den sieben Bergen. Ganz ohne Internet und Pay-TV. Die kleinen Männer waren ihm ganz plötzlich ans Herz gewachsen. Erstaunlich, wie schnell sich die Perspektiven ändern können.

DIENSTAG

Am nächsten Morgen saß der Prinz am Esstisch dem Dienstagszwerg gegenüber. Diesmal gab es keinen Milchkaffee, sondern ein Müsli. Knusprige Haferflocken mit Milch, Honig und köstlichen Himbeeren.

»Aus unserem Garten«, sagte der Dienstagszwerg. »Und der ist meine Domäne.«

»Aha! Dann bist du also …«

»Sag's lieber nicht«, warnte ihn der Zwerg mit drohend erhobenem Zeigefinger. »Bei diesem Thema bin ich nämlich etwas empfindlich. Es ist schon ein Skandal, was die Menschen aus uns gemacht haben: Zipfelmützenclowns als Schmuck für ihre Vorgärten. Dabei waren wir mal das Sinnbild für Weisheit und Hilfsbereitschaft. Ich erinnere nur an Alberich oder die Heinzelmännchen. Also, noch einmal: Ich bin der Dienstagszwerg – und sonst gar nichts!«

»Schon gut«, sagte der Prinz schmunzelnd. »Und jetzt willst du mir wahrscheinlich deinen Garten zeigen.«

»Zeigen? Arbeiten werden wir. Schließlich sollst du heute die zweite Regel kennenlernen.«

Und so kam es.

Zuerst musste der Prinz schwere, genagelte Lederstiefel anziehen, die es erstaunlicherweise sogar in seiner Größe gab. Er wollte sich weigern, aber es half ihm auch nichts, dass er meinte, seine maßgefertigten, rahmengenähten Budapester seien völlig ausreichend für die Gar-

tenarbeit. Der Dienstagszwerg bestand darauf, und so zog Hubertus die schweren, unbequemen Stiefel an und stapfte hinter dem Zwerg hinaus in den Garten.

Der war tatsächlich beeindruckend. Nachdem sie durch einen mit Kletterrosen bewachsenen Torbogen geschritten waren, standen sie vor einem Dutzend akkurat angeordneter Beete, in denen Sellerie, Bohnen, Lauch, Karotten, Zwiebeln, Knoblauch, Rotkraut, Wirsing und Salatköpfe wuchsen – ordentlich in Reih und Glied gepflanzt. Eingesäumt wurden die Beete von dichten Hecken aus Himbeer- und Brombeergebüschen, Stachelbeergehölzen und Liguster. Auf einer Streuwiese im hinteren Teil des Gartens standen Apfel- und Birnbäume, und an der Wand eines Geräteschuppens wuchs ein Spalierbaum empor, der voller Aprikosen hing.

»Wunderbar«, sagte der Prinz beeindruckt. »Aber das macht bestimmt schrecklich viel Arbeit.«

»Es ist weder ein Wunder noch ein Schrecken. Und ohne Arbeit macht auch die schönste Ernte keinen Spaß. Kennst du das, wenn einem die gebratenen Tauben in den offenen Mund fliegen?«

»Das ist aus einem anderen Märchen, glaube ich. War das nicht das Schlaraffenland?«

»Genau. Übrigens sind wir hier nicht in einem Märchen. Wir sind in einem echten Garten und werden uns gleich die Hände so dreckig machen, wie es deine …«, dabei schaute er auf die frisch manikürten Finger des Prinzen, »… wahrscheinlich noch niemals waren. Aber mit dem Schlaraffenland hast du recht. Das ist wirklich ein Märchen, und ein blödes noch dazu. Dabei glauben die meisten Menschen seltsamerweise, das Schlaraffen-

land gebe es irgendwo wirklich. So wie ein Leben in Saus und Braus, der große Hauptgewinn, nie wieder arbeiten und immer nur faul in der Sonne liegen – ha! Und unser Leben halten sie für ein Märchen: früh aufstehen, zur Arbeit gehen, kochen, waschen, putzen und den Abfall rausbringen. Dabei müsste doch jeder kapieren, dass gerade das die Realität ist. Ihr Menschen seid schon seltsame Gesellen.«

Prinz Hubertus widersprach nicht.

Der Dienstagszwerg erklärte dem Prinzen, was zu tun war. »Die Hecken beschneiden, aber nur den Liguster, das Unkraut im Erdbeerfeld jäten, die vorgezogenen Setzlinge einzeln einpflanzen und angießen, Bohnen ernten, den Komposthaufen umstechen und die lockeren Holzschindeln am Geräteschuppen wieder festnageln. Du kannst schon mal mit dem Heckeschneiden anfangen«, sagte der Zwerg und reichte dem Prinzen eine schwere eiserne Heckenschere.

»Es ist wohl überflüssig zu fragen, ob ihr Zwerge zufällig einen elektrischen Heckentrimmer habt?«

»Stimmt. Es ist überflüssig. Wir haben auch keinen elektrischen Rasenmäher und keinen Laubbläser. Obwohl wir all das natürlich haben könnten. Schließlich leben wir nur hinter den sieben Bergen und nicht hinter dem Mond. Aber ich frage dich, welchen Sinn solche Geräte haben.«

»Nun, ich könnte mir vorstellen, dass sie die Arbeit enorm vereinfachen«, sagte der Prinz nicht ohne Sarkasmus.

»Ein Laubbläser macht nur Krach und bläst die Blätter von einem Ende des Gartens zum anderen. Das ist eine

von vielen Erfindungen, auf die ihr so stolz seid, die aber so unsinnig sind wie ein Maschinengewehr oder eine elektrische Munddusche.«

Der Prinz fragte sich insgeheim, woher ein Zwerg etwas von Maschinengewehren und elektrischen Mundduschen wissen konnte, aber er hielt lieber den Mund. Schließlich war er hier, um einen Crashkurs zu absolvieren. Er hob die schwere Heckenschere auf und begann die hervorstehenden Lufttriebe des Ligusters abzuschneiden.

»Unten anfangen, immer schön gerade halten, und keine Löcher schneiden«, sagte der Zwerg. »Wenn man eine Hecke schneidet, muss man das so vorsichtig machen wie ein Friseur.«

Der Prinz hatte zwar noch nie jemandem die Haare geschnitten, aber er nahm sich vor, der Hecke einen anständigen Haarschnitt zu verpassen. Inzwischen begann der Dienstagszwerg die Bohnen zu ernten. Lange Zeit hörte man im Garten nur das metallische Schnippschnapp der Heckenschere. Es war ein hübscher Takt, etwa so wie bei einem langsamen Walzer, und ein paar Drosseln und Zaunkönige, die in den Apfelbäumen saßen, ließen sich davon anregen und zwitscherten ein Lied dazu. Doch mit der Zeit wurde der Takt langsamer und schleppte sich müde dahin, so als ob sich die Heckenschere immer schwerer bewegen ließe oder klemmte. Bald kam der Prinz völlig aus dem Takt und hörte schließlich ganz auf.

»Schon fertig?«, rief der Zwerg, ohne von seiner Arbeit aufzusehen.

»Nein!«, keuchte der Prinz. »Es ist einfach … etwas … ungewohnt. Vielleicht ist die Schere auch nicht scharf

genug … oder es wäre besser gewesen, du hättest erst mal unten die Hecke geschnitten. Schließlich bist du kleiner. Dann hätte ich sie oben geschnitten, denn da reichst du ja nicht heran.«

Der Dienstagszwerg schwieg und zupfte weiter seine Bohnen.

»Ich werde mal eine Pause bei der Hecke machen und lieber das Unkraut jäten.«

»Wie du meinst«, sagte der Zwerg.

Prinz Hubertus kniete sich vor das Erdbeerfeld und begann die Pflänzchen auszureißen, die keine Erdbeeren trugen. Er rupfte und rupfte und fragte sich, wann dieser wortkarge Zwerg endlich mit der Erklärung der zweiten Regel beginnen würde. Es war eine ungewohnte Arbeit, und mit der Zeit begannen die Knie zu schmerzen, der Rücken wurde steif, und die Finger klebten von der feuchten Erde zusammen.

Er überlegte, ob er nicht lieber die lockeren Bretter am Geräteschuppen festnageln sollte. Das wäre wahrscheinlich eine weniger anstrengende Arbeit. Und auch eine Arbeit, die eher einem Prinzen gemäß wäre. Er hätte sich gleich das Bohnenpflücken aussuchen sollen, dachte er; das war wahrscheinlich die einfachste Arbeit. Aber die hatte sich ja gleich der Zwerg unter den Nagel gerissen. Typisch.

»Wird es nicht langsam Zeit für eine kleine Pause?«, fragte der Prinz.

»Wenn du eine Pause machen willst, kannst du natürlich jederzeit eine machen«, sagte der Zwerg, ohne sich umzudrehen. »Schließlich bist du ja hier bei Freunden und nicht in einem Straflager.«

»Kmmtmrbrsvr …«, sagte der Prinz. Doch weil er mit zusammengebissenen Zähnen sprach, war er nicht gut zu verstehen.

»Was hast du gesagt?«

»Kommt mir aber so vor«, sagte der Prinz, nun etwas lauter.

»Du musst nicht arbeiten. Alles, was du hier tust, tust du freiwillig. Niemand wird bei den sieben Zwergen zu etwas gezwungen. Ich dachte nur, du wolltest gerne etwas über die zweite Regel erfahren …«

»Und die kriege ich erst erklärt, wenn ich vorher ordentlich geschuftet habe!«, maulte der Prinz.

Der Zwerg lachte. Doch er sagte nichts darauf und pflückte weiter seine Bohnen.

Der Prinz richtete sich stöhnend auf, klopfte sich die Erde von der Hose und ging zum Schuppen. Auf dem Fensterbrett lagen ein Hammer und eine Tüte mit Nägeln. Hubertus schlug einen Nagel in eine lose Holzschindel, aber dabei fing ein benachbartes Brettchen an zu wackeln und fiel zu Boden. Er nagelte es wieder fest, aber dadurch lockerte sich ein anderes. Der Prinz ärgerte sich und schlug sich beim vierten Brett mit dem Hammer auf den Daumen.

»Verdammt!«, zischte er. »Verdammte Schlamperei. Kaum ist das eine fest, kommt schon das nächste daher. Wer hat nur diesen ver… Schuppen gebaut!«

»Was sagst du?«, rief der Zwerg.

»Nichts. Alles in Ordnung. Aber sollten wir nicht langsam mal an die zweite Regel denken?«

»O ja«, sagte der Zwerg, ohne sich umzudrehen, und pflückte ungerührt weiter seine Bohnen.

Prinz Hubertus ärgerte sich gewaltig, aber er zwang sich zur Ruhe und schlug noch ein paar Nägel ein, bis es ihm schließlich zu dumm wurde, denn bei jedem Schlag lockerte sich ein weiteres Brett. Er warf den Hammer zu Boden und ging zurück zur Hecke. Grimmig kappte er ein paar vorstehende Zweige, aber er hatte vergessen, wo er angefangen hatte, und als er zurücktrat und seine Arbeit begutachtete, sah er, dass er die Hecke oben weiter zurückgeschnitten hatte als unten. Er musste sich wieder bücken und unten nachschneiden.

Jetzt fängt es auch noch an zu regnen, dachte er verbittert. Doch dann merkte er, dass es nur ein paar Schweißtropfen gewesen waren, die ihm von der Stirn auf die Hände gefallen waren. Er betrachtete seine Finger, die schwarzen Ränder unter den Nägeln, die rötlichen Blasen und den Daumennagel, der sich seit dem Hammerschlag bläulich verfärbt hatte. Er warf die Heckenschere zu Boden und ging mit schweren Schritten zum Bohnenfeld.

»Ich bin fertig!«, sagte er.

»Donnerwetter«, sagte der Zwerg. »Das ging ja fix.«

»Fix und fertig! Und ich will jetzt was über die zweite Regel hören. Schließlich bin ich eine solche Arbeit nicht gewöhnt, und niemand kann es mir vorwerfen, wenn ich dabei Fehler mache.«

»Ich mache dir bestimmt keine Vorwürfe«, sagte der Dienstagszwerg, drehte sich um und stellte einen bis oben mit Bohnen gefüllten Weidenkorb auf den Boden.

»So. Fertig. Die Bohnen sind geerntet. Wir machen eine Pause. Was hältst du von einem Glas eisgekühlter Holunderlimonade?«

»Großartige Idee.«

Ein paar Minuten später saßen sie an einem Holztisch unter dem größten Apfelbaum und tranken die köstliche Limonade. Der Prinz seufzte, schloss die Augen und lehnte sich erschöpft zurück.

»Nun bitte die Lehrstunde«, sagte er.

»Die Lehrstunde? Ich dachte eigentlich, die hättest du schon hinter dir. Reicht sie dir noch nicht?«

Prinz Hubertus riss die Augen auf.

»Na, du wirst doch wenigstens ein bisschen was gelernt haben in den letzten …«

»… sieben Stunden?«, sagte der Prinz.

»In den letzten eineinhalb Stunden. Deine Uhr geht falsch. Nein, es ist noch nicht einmal Mittag. Worüber beklagst du dich eigentlich?«

»All diese ungewohnte Arbeit. Man kann doch nicht von mir erwarten, dass ich sie sofort so beherrsche wie ein …« Wie ein Gartenzwerg, hatte er eigentlich sagen wollen, aber er hatte sich gerade noch beherrscht. »Noch dazu in diesen schrecklich schweren Stiefeln.«

»Diese Stiefel hätten dir die Arbeit eigentlich leichter machen sollen«, sagte der Zwerg und grinste.

»Ja, ich weiß schon. Sie schützen meine Füße vor Scherben und Nägeln, sorgen dafür, dass mich keine Schlange beißt und ich mir die Zehen nicht anstoße …«

»Aber nein«, sagte der Zwerg, »in meinem Garten liegen natürlich weder Scherben noch Nägel herum, und es gibt hier auch keine Schlangen. Die Stiefel haben einen ganz anderen Zweck. Sie sind deshalb so schwer, damit man nicht ständig seinen Standort wechselt. Aber anscheinend waren sie für dich noch nicht schwer genug. Sie sollten dich an Ort und Stelle halten, dir Bodenhaftung geben,

Stabilität und Beständigkeit. Denn natürlich wird jede Arbeit mit der Zeit anstrengend, unangenehm oder wenigstens langweilig. Und natürlich sieht man sich dann nach etwas anderem um. Viel leichter wäre es für dich gewesen, wenn es nur eine einzige Aufgabe in diesem Garten gegeben hätte. Wenn ich dir gesagt hätte, nagele alle losen Holzschindeln am Geräteschuppen fest, dann hättest du diese Arbeit nicht so schnell wieder aufgegeben.«

Dem Zwerg war anscheinend nichts entgangen.

»Diese Arbeit ist ein Riesenquatsch«, sagte der Prinz verärgert. »Wenn man ein Brett festnagelt, löst sich ein anderes, und wenn man das befestigt, fällt das nächste herunter – und immer so weiter. Das ist keine Arbeit, das ist Folter!«

»Aber wenn man nur eine einzige Arbeit hat, konzentriert man sich auch darauf. Und wenn du nicht so schnell aufgegeben hättest, wäre dir bestimmt eingefallen, wie du diese Aufgabe hättest lösen können. Stell dir nur vor, die Stiefel wären aus Eisen (mit Schaudern musste der Prinz bei diesen Worten an die böse Stiefmutter Schneewittchens denken, die in glühenden Eisenschuhen hatte tanzen müssen, bis sie tot zu Boden gefallen war), dann hättest du nicht so schnell die Flinte ins Korn geworfen. Was dich scheinbar behindert, kann dir auch Rat und Hilfe sein. Das ist ein wichtiger Teil der zweiten Regel. Wir tragen immer und überall unsere *eisernen Stiefel*, aber anstatt über sie zu jammern, sollten wir uns lieber überlegen, welche Chancen sie uns bieten. Das Ausweichen, das Hin-und-Herlaufen – schlimmer noch, das Davonlaufen –, das sind alles keine Lösungen. Du siehst ja, was dabei herauskommt.«

Der Zwerg deutete auf die zu einem Viertel geschnittene Hecke, auf das Häuflein Unkraut (in dem sich auch viele Erdbeerpflänzchen befanden, denn der Prinz hatte einfach alles ausgerissen, was gerade keine Beeren trug) und auf die Wand des Geräteschuppens.

»Nichts ist fertig, und nichts ist ordentlich gemacht. Und dabei ist es nicht wichtig, dass du eine solche Arbeit noch nie gemacht hast. Du hättest mich fragen können. Und du hättest selber lernen können, wie man es besser machen kann – einfach, wenn du beständig gewesen wärst.«

Der Ärger des Prinzen war verflogen. Jetzt schämte er sich fast ein wenig.

»Du meinst, auch in stressigen Zeiten, so wie ich sie gerade im Schloss erlebe, sollte ich mich immer nur auf eine Sache konzentrieren?«

Der Zwerg nickte. »Hektik löst kein Problem. Und viele Aufgaben, die man nur zum Teil löst, weil man denkt, den Rest erledigt man später, sind dann gerade wieder so groß wie vorher, wenn man sich ihnen erneut zuwendet. Es ist wie bei einer Hecke. Schneide heute die Hälfte und verschiebe die restliche Arbeit auf morgen, dann wirst du sehen, dass der schon geschnittene Teil ein wenig nachgewachsen ist, so dass du alles noch einmal stutzen musst. So macht man sich nur noch mehr Arbeit. Das ist der Weg, wie aus ein paar Problemen ganz schnell viele Probleme werden. Und irgendwann bekommst du dann das Gefühl, dass es so viele sind, dass du sie überhaupt nicht mehr bewältigen kannst.«

»Verstanden«, sagte der Prinz. »Ich sollte mich auf

eine Arbeit konzentrieren und bei ihr bleiben, bis sie beendet ist.«

»Ja. Aber es ist auch wichtig, auf welche Arbeit du dich konzentrierst. Warum, meinst du, habe ich mir das Bohnenpflücken ausgesucht?«

Der Prinz wollte schon sagen, weil es die leichteste Arbeit ist, aber er beherrschte sich gerade noch und sagte: »Wahrscheinlich weil sie gerade reif sind und schnell geerntet werden müssen.«

»Aber nein«, sagte der Zwerg. »Weil es heute Abend Bohnen mit Speck gibt. Und wenn es abends Zwiebelsuppe gibt, dann ernte ich eben Zwiebeln.«

»Na, das ist ja eine sehr schlichte Regel«, sagte Hubertus spitz.

»Vielleicht klingt sie erst mal schlicht, aber wenn sich die Menschen daran halten würden, hätten sie viele Probleme gar nicht. Betrachte die Aufgaben und finde die wichtigste heraus – die, die am dringendsten nach einer Lösung verlangt. Lerne Wesentliches von Unwesentlichem zu unterscheiden. Und wenn du dich auf eine Arbeit eingelassen hast, konzentriere dich darauf und bleibe dabei.«

Bis zum Nachmittag schaffte es der Prinz tatsächlich, die komplette Ligusterhecke einigermaßen zurechtzustutzen, und erstaunlicherweise waren ihm die schweren Stiefel dabei eine echte Hilfe. Er spürte geradezu, wie die feste Verbindung mit dem Erdboden ihm Kraft und Konzentration verlieh, so als wären durch seine Fußsohlen Wurzeln bis ins tiefe Erdreich gewachsen, die ihn hielten und mit Energie versorgten. Wenn er einen Schritt zur

Seite machte, überlegte er es sich vorher zweimal, und er staunte, wie viel er schaffen konnte, ohne sich von der Stelle zu bewegen. Der Dienstagszwerg musste ihn geradezu von der Hecke wegzerren, als er fertig war.

»Willst du hier Wurzeln schlagen? Komm jetzt, die anderen sind zurückgekommen, und ich kann riechen, dass der Küchenzwerg den Speck schon angebraten hat.«

»Eine wirklich schöne Hecke«, sagte der Prinz andächtig und konnte seine Blicke kaum von seiner Arbeit losreißen.

»Stimmt. Aber hättest du sie nicht geschnitten, wäre dir diese Hecke niemals aufgefallen. Du hättest ihre Schönheit nicht gesehen. Denn wer bewundert schließlich schon eine Hecke! Aber wenn man einen halben Tag mit ihr verbracht hat …

Wenigstens weißt du jetzt, wozu schwere Stiefel gut sind«, sagte der Dienstagszwerg. »Sie verleihen dir einen festen Stand und deiner Arbeit Beständigkeit. Nur so wirst du Erfolg haben. Es ist wichtig, was wir tun; wichtig ist aber auch, *wie* wir es tun. Konzentriere dich auf deine Aufgabe und bleibe dabei, bis du sie gelöst hast. Und damit du das nicht vergisst, habe ich hier ein kleines Andenken für dich.« Er zog eine Anstecknadel aus der Tasche und heftete sie Prinz Hubertus an sein Revers. Auf der geschwungenen Silbernadel war eingraviert: »Beständig bleib bei deinem Tun, dann kannst du früh und glücklich ruh'n.«

Beim Abendessen amüsierten sich die restlichen Zwerge königlich darüber, wie der Prinz sich bei der Gartenarbeit angestellt hatte.

»Na, dann kann er sich ja morgen auf einen harten Tag einstellen«, sagte der Mittwochszwerg. »Wollen wir nur hoffen, dass er heute etwas bei dir gelernt hat.«

»Sonst verläuft er sich noch im Stollen!«

»Oder stolpert über seine eigenen Füße!«

Die Zwerge brüllten vor Lachen.

»Sehr witzig«, sagte der Prinz. »Darf man mitlachen?«

»Morgen Abend werden wir sehen, wie es mit deiner guten Laune steht. Aber jetzt geh lieber ins Bett. Es wird anstrengend werden.«

MITTWOCH

Der nächste Tag begann mit einem trüben Morgen. Feiner Nieselregen zog schimmernde Fäden über die Butzenscheiben des Schlafzimmers, und ein bleigrauer Himmel spannte sich über das Haus der sieben Zwerge. Alle sieben saßen noch in der Küche, als Hubertus eintrat.

»Ich dachte, ihr seid Frühaufsteher und schon längst bei der Arbeit?«

»An einem solchen Tag?«, ereiferte sich der Dienstagszwerg. »Seinen Garten soll man bei Regen in Frieden lassen. Ich lege mich mit einem guten Buch wieder ins Bett.«

Bis auf den Mittwochszwerg stimmten ihm alle Kollegen zu.

»Aber wir, mein Prinz, wir werden heute viel Spaß unter Tage haben«, sagte der Mittwochszwerg gut gelaunt. »Es gibt nichts Schöneres, als bei einem solchen Sauwetter ins Bergwerk zu steigen. Dort unten ist es trocken, warm und gemütlich. Einfach herrlich. Ich liebe Regentage!«

Der Dienstagszwerg zwinkerte dem Prinzen zu. »Alles Ansichtssache, du erinnerst dich an vorgestern?«

»Klar. Und wenn schönes Wetter ist, bleibst du wahrscheinlich zu Hause.«

»Nicht immer. Aber an besonders strahlenden Sommertagen lege ich mich tatsächlich mit einem guten Buch in die Hängematte. Ich lese jedoch meist Fachliteratur, Bergwerkstheorie und Stollentechnik, und insofern ist es auch Arbeit.«

Der Sonntagszwerg lachte. »Wenn einem die Arbeit schon keinen Spaß macht, sollte man sich wenigstens einen Spaß gönnen, der wie Arbeit aussieht.«

Es gab Speck und Spiegeleier zum Frühstück, denn an solchen Tagen brauchen Menschen wie Zwerge etwas Kräftiges im Magen – vor allem, wenn sie anschließend in einem Bergwerk arbeiten. Der Mittwochszwerg packte noch eine Flasche Holunderlimonade und ein paar belegte Brote ein, überreichte dem Prinzen Schneewittchens alten Regenmantel, und dann liefen die beiden hinaus in den kalten, unwirtlichen Morgen.

»Mir nach!«, rief der Zwerg und marschierte mit beeindruckender Geschwindigkeit los.

Nach einer Viertelstunde erreichten die beiden den Eingang zum Bergwerk, und der Prinz hatte das Gefühl, es hätte auch unter seinem Mantel geregnet, so verschwitzt war er. Der Mittwochszwerg wartete vor einem schweren Eichentor, das mit einem riesigen Schloss gesichert war.

»Das macht munter, was?«, sagte er vergnügt, als ihn der Prinz endlich erreicht hatte. »So eine Wanderung im Regen ist doch eine herrliche Erfrischung.«

»Ich war schon vorher recht frisch«, keuchte der Prinz. »Eigentlich fühle ich mich jetzt eher erschöpft.«

»Mit nichts zufrieden, diese Menschen. Im Sommer ist es ihnen zu heiß, im Winter zu kalt, bei Regen zu nass – fehlt nur noch, dass ihr euch beschwert, dass es tagsüber hell ist und nachts dunkel.«

Der Zwerg zog einen großen Schlüssel aus Messing aus der Tasche und sperrte das Tor auf.

»So, aber jetzt bist du hoffentlich zufrieden. Hier ist es trocken und mollig warm.« Er zog den Prinzen hinter sich in die Dunkelheit, schloss das Tor hinter ihm und drehte den Schlüssel dreimal herum. Der Prinz stand in der Dunkelheit und bewegte sich nicht. Wenigstens ist es trocken, dachte er, aber das mit mollig warm … Es war heiß und stickig, und die Luft roch abgestanden und erdig.

Der Zwerg zündete ein Streichholz an, und in dessen Schein sah der Prinz, wie der kleine Bergmann eine Grubenlampe entzündete, ein uraltes Modell, das er sich auf den Kopf setzte. Dann entzündete er eine zweite Grubenlampe und gab sie dem Prinzen. Der mochte sie sich aber nicht auf den Kopf setzen, er trug sie lieber in der Hand. Der Zwerg drehte sich um und ging eine schmale, in den Fels gehauene Treppe hinab. Hubertus folgte ihm. Aber irgendetwas schien mit dieser Treppe nicht zu stimmen. Obwohl der Prinz sorgfältig auf seine Füße leuchtete, stolperte er immer wieder, rutschte von den Stufen und wäre fast einmal kopfüber hinabgestürzt.

»Langsam, langsam«, sagte der Zwerg, der schon weit unten war. »Die Treppe muss sich erst an dich gewöhnen.«

So ein Unsinn, dachte der Prinz. Die Treppe wird sich gerade für mich umstellen. Aber dann fiel ihm ein, dass der Zwerg das vielleicht ironisch gemeint haben könnte. Natürlich war er es, der sich auf diese Treppe einstellen musste. Es war eine Zwergentreppe, und die Stufen waren für Zwergenfüße gehauen, sowohl in der Breite wie in der Höhe. Er musste vorsichtig und konzentriert gehen, die Absätze seiner Schuhe immer eng an den Stufenfalz stellen und sich mit der einen Hand an der Wand abstützen. Jetzt hätte er zwei freie Hände gebrauchen

können. Wenn er Stufe für Stufe hinabstieg, kam er leicht ins Stolpern, denn die Füße waren sich da gegenseitig im Weg. Nahm er zwei Stufen auf einmal, rutschte er mit den Absätzen weg, aber bei drei Stufen ging es einigermaßen. Er stapfte grummelnd dem Zwerg hinterher, der nur noch als kleiner Lichtschein in der Tiefe zu erahnen war.

Endlich blieb er stehen, und Prinz Hubertus erreichte ihn wenige Minuten später. Der Zwerg stand neben einem Loch im Boden, aus dem das Ende einer Leiter ragte.

»Müssen wir etwa noch tiefer hinuntersteigen?«

»Natürlich. Das ist schließlich ein anständiges Bergwerk. Außerdem ist es da unten noch trockener und noch molliger.«

Der Zwerg stieg die Leiter hinab, und der Prinz musste ihm wohl oder übel folgen. Das wurde noch beschwerlicher als der Abstieg über die Treppe. Für eine Leiter – noch dazu eine Zwergenleiter – sollte man beide Hände frei haben. Weil der Prinz aber ein recht eigensinniger Geselle war (er hatte auch sehr viele gute Eigenschaften, aber ein gewisser Eigensinn lässt sich in dieser Familie direkt bis zu Schneewittchen zurückverfolgen), hielt er die Grubenlampe weiterhin fest in der rechten Hand und quälte sich die steile Leiter hinunter. Er fluchte sogar, obwohl Prinzen das eigentlich nicht tun sollten.

»Fluchen hilft auch nichts, mein lieber Prinz«, sagte der Zwerg. »Schließlich will dir diese Leiter etwas sagen. Es hat etwas mit deiner Schrittlänge zu tun.«

»Mit meiner Schrittlänge?«

»Ja. Erinnerst du dich noch, wie wir durch den Regen hierhergelaufen sind? Eigentlich sind große Beine ja den kleinen überlegen, aber nicht immer und nicht überall.

Auf einer Hundert-Meter-Aschenbahn bestimmt, aber das Leben ist eben selten eine Aschenbahn. Es ist nicht die Länge der Beine, die den Erfolg bringt, es ist das rechte Schrittmaß. Und das wird vom Weg bestimmt. Manchmal kommt man mit kleineren und manchmal auch mit langsameren Schritten schneller voran. Sicherer auf jeden Fall. Und das Laufen kannst du auf deinen Alltag übertragen, auf deine Aufgaben und Probleme. Die Aufgabe bestimmt das Tempo. Hör auf deinen Bauch, denn der kennt das rechte Schrittmaß schon.«

»Also sind kleine Schritte grundsätzlich besser?«

»Grundsätzlich ist gar nichts! Aber in vielen Fällen sind kleine Schritte angebrachter und oft auch wirkungsvoller. Denn sie ermöglichen es dir, besser bei der Sache zu bleiben. Und darum geht es doch letztlich: Deine Aufmerksamkeit ganz auf das zu richten, was du tust. Konzentration auf das eine, das Wichtige, anstatt sich im Multitasking zu verlieren. Multitasking, das ist eine der größten Fehlentwicklungen von euch Menschen. Darauf könnt ihr wirklich nicht besonders stolz sein! Wobei unsere Zwergenweisheit in dem Punkt gar nicht so weit von der Weisheit eurer Zen-Meister entfernt ist. Und die sind doch bei euch gerade schwer in Mode, oder?«

»Ich glaube, ich verstehe langsam, was du mir sagen willst. Und mit Zen kenne ich mich aus. Schließlich haben wir fünf Bücher darüber in unserer Schlossbibliothek. Aber was meinst du denn damit, dass der Bauch das Schrittmaß kennt? Mein Bauch hat allenfalls manchmal Hunger.«

Schmunzelnd antwortete der Zwerg: »Das glaube ich dir gern. Ich will dich ja nur ermutigen, bei der Entscheidung über deine Ziele und der Wahl des Weges mehr auf deine Gefühle zu achten. Das entscheidende Gefühl, das du in deinem Bauch spüren solltest, ist das Gefühl der Machbarkeit. Und wenn ein großer Schritt nicht machbar erscheint, so gehe lieber drei kleine. Denn die Machbarkeit bestimmt das Maß.«

Unter diesen Reden waren sie am Grund des Stollens angekommen, und der Prinz blickte sichtlich enttäuscht drein. Er hatte sich wohl etwas anderes unter einer Edelsteinmine vorgestellt.

»Das sieht ja fast aus wie in einer Kiesgrube.«

»Die Edelsteine in dieser Mine sehen alle aus wie schlichte Wackersteine. Man muss wissen, was sich im Inneren der unscheinbaren Steine verbirgt. Und das weiß man erst, wenn man ein paar hundert Jahre in diesem Bergwerk gearbeitet hat.«

»Darf ich es denn auch einmal probieren?«

»Aber gerne«, sagte der Zwerg. »Deshalb sind wir ja hier. Du sollst doch etwas lernen. Auch das gehört zur dritten Regel. Sie bezieht sich nämlich nicht nur auf dein Schrittmaß. Dann such dir mal einen Brocken aus.«

Der Prinz ging langsam den Schacht entlang, der von dicken Eichenbohlen abgestützt war. Die Wände glitzerten und schimmerten in Blassrosa und Smaragdgrün, und aus dieser wunderlichen Oberfläche ragten kleinere und größere graue Steinbrocken hervor. Der Prinz ließ seine linke Hand über die Oberfläche gleiten. Jeder dieser grauen Brocken sah aus wie der andere, man konnte beim besten Willen keinen Unterschied feststellen. Irgendwann wurde es dem Prinzen zu viel, er blieb vor einem besonders großen Brocken stehen und sagte: »Den nehmen wir.«

»Oho, gleich so ein Riesentrumm. Na, wenn du meinst. Dann werde ich dir mal zeigen, wie man Steine aus der Wand bricht.«

Der Mittwochszwerg zog einen Meißel und einen Hammer aus einer Tasche, die an seinem breiten Ledergürtel hing. Er setzte den Meißel an der Oberkante des Brockens an und klopfte vorsichtig mit dem Hammer darauf. Pling, pling, pling …

Dann trat er einen Schritt zurück, betrachtete sein Werk und setzte den Meißel etwas weiter links an – pling, pling, pling …

Wieder trat er einen Schritt zurück, beobachtete genau, was er aus der Wand geklopft hatte, und setzte den Meißel etwas weiter rechts an – pling, pling, pling …

Prinz Hubertus hielt es nicht mehr aus. Er sagte: »Gestatte bitte«, und nahm dem Zwerg Hammer und Meißel aus der Hand. »Ich glaube, ich habe genug gesehen, um zu kapieren, wie das geht. Bitte zurücktreten.«

Der Prinz setzte den Meißel an und schlug mit aller Kraft darauf. Ein großer Splitter sprang aus der Wand. »Na, bitte! Nicht pling, pling, pling – sondern kawumm!« Mit diesem Ausruf ließ er den Hammer auf den Meißel krachen, dass es staubte. Der Schlag schien ein seltsames Echo in dem engen Gang erweckt zu haben, denn ein dumpf rollender Donner erklang. Der Zwerg packte Hubertus am Hosenbund und riss ihn zur Seite. Im selben Moment schien die Wand aufzuplatzen. In einer Wolke von Staub und Geröll brach der schwere Brocken aus der Wand, aber zusammen mit ihm stürzte ein großer Teil

der Wand ein. Nur die schweren Eichenbohlen hatten verhindert, dass auch die Decke des Stollens einstürzte.

Als der Staub sich endlich wieder gesetzt hatte, sahen die beiden aus wie mit Puderzucker bestäubt.

»Das hätte ins Auge gehen können«, sagte der Mittwochszwerg. »Es gehört nämlich zu den eher unangenehmen Vorkommnissen in einem Bergwerk, wenn ein Stollen einstürzt.«

»Mein Gott!«, stöhnte der Prinz. »Das tut mir so leid. Ich wollte nicht ... ich wusste nicht ...«

»Jaja, schon gut. Ich hatte auch nicht angenommen, dass du es absichtlich getan hast. Jedenfalls nicht in der Absicht, den Stollen einstürzen zu lassen. Du wolltest einfach diesen Stein schneller aus der Wand schlagen, was?«

»Ja, es ging mir einfach zu langsam.«

»Wenn es so einfach wäre, eine Edelsteinmine auszubeuten, würden es wahrscheinlich alle machen«, sagte der Zwerg. »Aber es gehört eben etwas mehr dazu als kawumm! Man muss den Berg kennen, man muss ihn fühlen, man darf sich nicht hineinwühlen wie ein Eindringling, man muss wie ein Freund um Erlaubnis bitten. Und man muss vorsichtig die Harmonie und das Gleichgewicht hier unten beachten. Bedenke, über unseren Köpfen türmen sich so viele Felsen, dass man daraus eine erstklassige Kathedrale bauen könnte.«

Der Prinz schaute ängstlich zur Decke.

»Kleine Schritte wären auch hier besser gewesen«, sagte der Zwerg lächelnd. »Nicht nur das Schrittmaß ist entscheidend, manchmal ist es auch das Schlagmaß. Es geht tatsächlich schneller, wenn man in einem Bergwerk mit aller Kraft einen Stein aus der Wand wuchtet – aber es geht eben auch fast immer ins Auge. Jede Aufgabe verlangt ihr Maß: pling-pling-pling oder kawumm! In manchen Situationen sind eben kleine, langsamere Schritte wirkungsvoller als große, schnelle. In puncto Langsamkeit könntest du noch einiges dazulernen – und das gilt für die meisten Menschen deiner Zeit.«

»Das habe ich inzwischen kapiert. Dann haben wir also alle die gleichen Möglichkeiten, ob wir lange oder kurze Beine haben?«

»Nein, einen Vorteil hast du schon vor uns.«

»Und der wäre?«

»Du kannst lange und kurze Schritte machen, wir nur kurze. Aber dafür sind wir älter und kennen jede Menge Tricks. Das gleicht es wieder aus«, sagte der Zwerg und fiel vor Lachen auf seinen Hintern.

Am Abend saß man gemeinsam am Tisch, und der Mittwochszwerg erzählte, wie sich Hubertus heute geschlagen hatte.

»Ein bisschen stürmisch, der junge Prinz, so wie es junge Leute eben gerne haben. Aber wer einmal in einem eingestürzten Bergwerksstollen gestanden hat, der hat eine Erfahrung fürs Leben gemacht. Nicht wahr, Hoheit?«

»Pling, pling, pling ...«, sagte Hubertus ganz leise.

»Und damit du nie vergisst, dass kleine Schritte oft mehr bewirken als große, möchte ich dir etwas schenken.« Der Mittwochszwerg überreichte dem Prinzen einen Kaffeebecher, auf dem in bunten Lettern dieser Spruch aufgedruckt war: »Schnell schießt man übers Ziel hinaus mit großen Schritten – mit kleinen trifft man leicht die Mitten!«

Der Prinz fand den Becher zwar völlig geschmacklos, aber er nahm ihn mit freundlicher Verneigung an. Schließlich war die Botschaft wichtiger als die Form; so viel hatte er immerhin schon gelernt bei den sieben Zwergen.

DONNERSTAG

Am vierten Tag war die Küche leer, als Prinz Hubertus morgens eintrat. War er vielleicht zu früh aufgestanden? Aber nein, da standen doch sechs benutzte Teller und Tassen auf dem Tisch. Die anderen Zwerge hatten demnach schon gefrühstückt. Also war er zu spät dran. Vielleicht war der siebte, der Donnerstagszwerg, über seinen nachlässigen Schüler so verärgert, dass er schon das Haus verlassen hatte. Der Prinz ging hinaus in den Garten – und tatsächlich, dort lag er. Zwischen zwei mächtigen, Schatten spendenden Linden war eine große Hängematte gespannt, und darin lag ein Zwerg und schnarchte. Der Prinz trat näher und hüstelte dezent.

Der Zwerg regte sich nicht.

Der Prinz stieß die Hängematte an und brachte sie leicht ins Schwingen.

Der Zwerg lächelte. »Ja … gut so … weitermachen … schaukeln …«

»Entschuldigung«, sagte der Prinz. »Ich muss wohl verschlafen haben. Du hast schon ohne mich gefrühstückt?«

»Aber nein«, sagte der Zwerg, ohne die Augen zu öffnen, »ich habe natürlich auf dich gewartet. Das wäre doch ein allzu schlechter Stil, dich alleine frühstücken zu lassen.«

»Sehr aufmerksam, dass du auf mich gewartet hast.«

»Nicht der Rede wert. Aber jetzt bist du ja da und

kannst Frühstück machen. Für mich bitte einen Cappuccino, ein Rosinenbrötchen mit Quittengelee, dazu ein paar Zimtwaffeln, frisch gepressten Orangensaft und ein paar Erdbeeren auf einem Zuckerteller. Aber nur die kleinen Walderdbeeren!«

Der Prinz wunderte sich zwar, dass die sprichwörtliche Gastfreundschaft der sieben Zwerge heute Morgen eine derart seltsame Wendung genommen hatte, aber er erklärte sich das mit seinem unhöflichen Zuspätkommen. Es dauerte ziemlich lange, bis er in der Küche alles gefunden hatte, und der Milchschaum auf dem Cappuccino fiel dürftig aus. Endlich war der Prinz fertig, deckte den Tisch und rief in den Garten hinaus: »Das Frühstück ist fertig!«

»Dann bring es doch!«, schallte es zurück.

»Du willst in der Hängematte frühstücken?«

»Klar. Ist doch gemütlich.«

Hubertus lud kopfschüttelnd das Frühstück auf ein Tablett und trug es hinaus in den Garten. Er zog einen Stuhl neben die Hängematte, setzte sich darauf und stellte das Tablett auf seine Knie. Der Zwerg öffnete langsam die Augen, sah den Prinzen freundlich an und nahm ihm die Kaffeetasse aus der Hand.

»Der Schaum könnte etwas fester sein.«

Der Prinz, der mit seiner aus schlechtem Gewissen geborenen Geduld langsam am Ende war, schwieg bockig.

Der Zwerg aß sein Rosinenbrötchen, trank den Orangensaft und aß die Waffeln – alles sehr, sehr langsam, aber mit sichtlichem Vergnügen. Und wortlos.

Hubertus trank inzwischen seinen Kaffee und biss in

einen trockenen Zwieback, das Einzige, was vom Frühstückstisch noch übrig geblieben war.

Der Zwerg hatte sein Frühstück beendet, ließ sich wieder auf den Rücken fallen und strich sich zufrieden den Bauch.

»Ausgezeichnet. Es geht doch nichts über eine angenehme Art, den Tag zu beginnen. Dann kann er nämlich so schlecht nicht mehr werden.«

Und dann, nach einer Pause, fragte er: »Was hast du denn heute vor?«

»Ich dachte, du könntest mich vielleicht in die Geheimnisse der vierten Regel einweihen«, sagte der Prinz nicht ohne Sarkasmus. Langsam hatte er den Verdacht, dass dieser Zwerg in Wahrheit ein ziemlicher Faulpelz war. So jemanden gab es schließlich in jeder Gemeinschaft, in jeder Familie und in jedem Büro – diesen einen, der seine Selbstsucht auf Kosten der anderen auslebte. Ein Nassauer, ein Parasit. Wahrscheinlich hatte er nicht einmal einen Beruf wie die anderen, so wie der Bergwerkszwerg oder der Gärtner. Wahrscheinlich verstand er sich als weiser Theoretiker; dabei war er nur einer, der große Reden schwang und zu faul zum Arbeiten war. Der Prinz wunderte sich über sich selbst, wie schnell und hart sein Urteil über den kleinen Kerl ausfiel. Aber – zum Donnerwetter! – war der nicht selber schuld daran? Liegt faul in der Sonne und lässt sich von einem Urenkel von Schneewittchen bedienen!

»Ach ja, die vierte Regel … natürlich … hmhmmm …«, sagte der Donnerstagszwerg, wobei sich seine Lider langsam wieder schlossen, »… darüber könnten wir allerdings reden. Das würde dir bestimmt weiterhelfen. Die vierte

Regel ist nämlich eine ganz … wunderbare und hilfreiche … uaaaahhh …«, er gähnte mit weit aufgerissenem Mund. Dann rückte er in der Hängematte etwas zur Seite und klopfte auf die Kissen neben sich.

»Komm, leg dich einfach neben mich. Das ist so gemütlich hier, das darf man sich nicht entgehen lassen. Der perfekte Wohlfühltag – die Sonne scheint, aber sie brennt nicht; der Wind ist mild und duftet nach Lavendel und Minze; die Vögel zwitschern, aber nicht zu laut, denn sie können einem auch ganz schön auf die Nerven gehen. Der perfekte Tag für eine Hängematte!«

Der Prinz kletterte vorsichtig in die Hängematte und streckte sich auf den Kissen aus. Die Halteseile knarrten, aber sie hielten, und die Hängematte begann leicht zu schaukeln. Nach und nach entspannte sich Hubertus und schloss die Augen. Der Zwerg hatte tatsächlich recht: Es war perfektes Hängematten-Wetter.

Eine Zeitlang schaukelten die beiden hin und her, und es war nichts zu hören als Vogelgezwitscher und das leise Schnarchen des Zwergs.

Irgendwann hielt es der Prinz nicht mehr aus. »Können wir nicht endlich anfangen zu reden, ich meine, über etwas Sinnvolles zu reden. Schließlich bin ich hier, weil es im Schloss drunter und drüber geht. Und einen der sieben Zwerge müsste es schon interessieren, wenn die Nachkommenschaft von Schneewittchen vor der Pleite steht!«

»Na klar«, sagte der Zwerg. »Man ist ja schließlich kein Unmensch.«

Nach einer langen Pause riss dem Prinzen schließlich der Geduldsfaden: »Ja, und? War das etwa schon alles?

Was ist denn nun mit der vierten Regel?!« Seine Stimme war laut und aufgeregt geworden.

»Nur keine Aufregung. Entspanne dich. Genieße diese Minuten. Lass los. Sei gut zu dir.«

Da kam er beim Prinzen aber an den Richtigen. Der richtete sich steil auf in der Hängematte und schrie: »Loslassen! Entspannen! Diesen Quatsch kenne ich! Das sind die Tipps von solchen Leuten, die stundenlang vor dem Spiegel stehen und ständig das Bad besetzen: Locker bleiben! Alles easy! Blödsinn, ich bin doch kein Hippie!«

Der Zwerg schmunzelte. So aufgeregt war er plötzlich geworden, der Nachkomme von Schneewittchen. Er legte dem Prinzen beruhigend die Hand auf den Arm und sagte: »Missverstehe mich nicht, aber man kann auf zwei Weisen in einen Spiegel sehen – und eine davon ist tatsächlich nicht sehr hilfreich. Vielleicht erinnerst du dich ja: Schneewittchens Stiefmutter hatte einen Zauberspiegel, der ihr immer wieder bestätigen sollte, dass sie die Allerschönste im ganzen Reich war, dass sie eine Superfigur, schöne, glänzende Haare und einen wunderbar reinen Teint hatte. Dieser Spiegel wurde schließlich ihr Verhängnis, denn er zeigte der armen Frau immer wieder, dass ihre kleine Stieftochter schöner war als sie – immerhin eine erfahrene Frau, die ihren Körper täglich trainierte, sich hingebungsvoll mit Salben und Tinkturen einrieb, die Haare färbte und die Nägel lackierte.«

Der Donnerstagszwerg nahm sich eine Erdbeere, tunkte sie kurz in den Zuckerteller und schloss genüsslich die Augen, während er die kleine Köstlichkeit in seinem

Mund verschwinden ließ. Er kaute langsam und ausgiebig, und erst nach einer Minute öffnete er die Augen wieder und sprach weiter.

»Obwohl diese Frau offensichtlich so viel für sich tat, war sie doch das Gegenteil von jemandem, der wirklich gut zu sich ist. Sie tat nämlich nur so, als ob sie sich liebte. Sie verwechselte ihren Körper mit ihrem Selbst. In Wirklichkeit wollte die Stiefmutter nur bewundert werden, die Nummer eins bei jedem Ball sein und auf jedem Porträt der Hofmaler einfach unwiderstehlich aussehen. So hatte sie den alten König nach dem Tod seiner ersten Frau schließlich auch erobert.«

»Das kenne ich«, seufzte der Prinz, der sich an ein paar aktuelle Beispiele aus internationalen Adelskreisen erinnerte. »Da hat sich bis heute nicht viel verändert. Jede Zweite ist inzwischen auch so eine Stiefmutter geworden und sitzt vor ihrem Zauberspiegel.«

»Das ist aber kein Zeichen für die Eigenliebe, die wirklich gut für uns ist. Die richtige Eigenliebe ist niemals eitel und nie auf eine beeindruckende Außendarstellung gerichtet. Wer sich wirklich liebt und etwas Gutes für sich tun will, der geht in die Tiefe. Äußerlichkeiten sind nur Bilder für andere, für einen selbst zählt nur die Innerlichkeit. Und wer sich wirklich von Herzen liebt und gut zu sich ist, der leuchtet von innen – oft so stark, dass man es auch außen sieht. Denn wahre Schönheit …«

»… kommt von innen«, vervollständigte der Prinz den Satz. »Jaja, das habe ich auch schon gehört.«

»Deshalb muss es ja nicht falsch sein. Also: Wer nur an sich arbeitet, damit er bei anderen gut ankommt, der vernachlässigt seine wichtigsten Seiten.«

Der Donnerstagszwerg nahm sich noch eine Erdbeere und verspeiste sie mit sichtlichem Vergnügen.

»Du glaubst, was man dir von früher erzählt hat, das waren alles Märchen? Oder *nur* Märchen, wie ihr heutzutage sagt? Ein großer Fehler. Die Stiefmutterspiegel hat es damals gegeben, und es gibt sie heute noch. Sie sind nur moderner geworden. Heute zeigen sie sogar bewegte Bilder, die man in kleinen Handtaschen mit sich herumtragen kann. Darin sehen die Menschen andere, die sie für noch schöner halten und denen sie unbedingt nacheifern wollen.«

»Dann ist der Zauberspiegel also nicht ausgestorben?«, sagte der Prinz.

»Nein. Er ist nur hinterlistiger geworden. Er zeigt den Menschen leere Hoffnungen und falsche Träume, er macht Kleines groß, er erhebt Unwichtiges zu Erstrebenswertem und Unsinn zu Sinn. Es gibt Menschen, die jeden Tag in solche Spiegel sehen und sich fragen, warum sie noch immer nicht so aussehen wie die schönsten Menschen der Welt.«

Der Prinz nickte. Er fand es auch etwas erschreckend, dass seine Frau jeden Tag zwei Stunden im königlichen Fitnesscenter verbrachte, einfach weil sie die gleiche Figur wie Madonna haben wollte.

Der Zwerg schien seine Gedanken erraten zu haben. »Ihr gebt euch viel Mühe, einem Zauberspiegelbild zu ähneln, und wenn ihr es trotz aller Arbeit, trotz Hungerkuren und Sport nicht schafft, geht ihr zum Zauberer.«

»Zum Zauberer? Dass ich nicht lache. Die gibt es wirklich nur im Märchen«, sagte der Prinz.

»Na ja, das besorgten jedenfalls bei uns früher die Zauberer. Die konnten aus einem Kürbis eine Kutsche mit einem Pferdegespann zaubern und ein hässliches Mädchen in eine schöne Fee verwandeln. Aber das machten nur die allerdümmsten Zauberer – die, die heute bei euch Schönheitschirurgen geworden sind. Doch inzwischen geht es euch nicht einmal mehr nur um das Aussehen; ihr müsst auch das haben, was die neuen Königskinder haben – dieselben Spielsachen: Kutschen, Schmuck, Kleider und all den technischen Kram, der euch nur vom wahren Leben ablenkt. Das sind nämlich die modernen Stiefmutterspiegel, und was sie euch zeigen, sind nur *Des Kaisers neue Kleider*, wenn du dich an das Märchen noch erinnerst.«

Der Prinz nickte. »Klingt alles ziemlich deprimierend, was du da erzählst. So als ob es bei uns nur noch eitle, unzufriedene Menschen gäbe. Und an allem sind nur die Spiegel schuld?«

»Nein. Spiegel können auch sehr hilfreich sein. Man kann sich selbst darin betrachten und viel lernen – wenn man wirklich hinsehen will. Aber all das braucht Ruhe und Ernsthaftigkeit. Ihr kommt vor lauter Stress und Hektik nie dazu, mal richtig in den Spiegel zu sehen.«

»Unser Leben ist aber tatsächlich immer hektischer geworden.«

»Ach, das sind doch nur Ausreden. Du wolltest etwas zur vierten Regel hören – aber als ich davon anfing, hast du mich gleich wieder unterbrochen.«

»Weil du nur diesen Quatsch erzählt hast – Loslassen und Genießen. Ich habe ernsthafte Probleme und keine Zeit zum Genießen. Das kann ich, wenn alles wieder im

Lot ist. Dann machen wir Urlaub und fahren in die Karibik!«

»Dabei wäre das für dich sehr wichtig, jeden Tag einen Kurzurlaub einzulegen. Und es ist ein schwerer Fehler zu glauben, dass man erst später – dann, wenn es keine Probleme mehr gibt – Zeit zum Genießen hat. Nein, du wirst immer ein Problem oder eine Ausrede haben, nicht zu genießen. Außerdem stellt sich ja erst mal die Frage: Was willst du genießen?«

»Die Ruhe. Die Sonne, das Meer – endlich mal wieder lange schlafen …«

»Ach? Das ist ja ziemlich dürftig. Ich dachte eher, du würdest etwas wirklich Wichtiges genießen wollen.«

Der Prinz schaute den Donnerstagszwerg verständnislos an.

»Na, etwas wirklich Wichtiges wie … dich selbst! Es ist nämlich nicht nur schön, sich selbst zu genießen; es ist auch äußerst wirksam, so wie ein starker Zauber.«

Der Zwerg nahm sich noch eine Erdbeere, tunkte sie in den Zucker und steckte sie in den Mund. Dann zwinkerte er dem Prinzen zu und sagte: »Wahrscheinlich hast du heute Morgen, als du mich in der Hängematte gefunden hast, gedacht, ich sei ein ziemlicher Faulpelz.«

»Aber nein!«, log der Prinz.

»Soso. Na, egal. Jedenfalls habe ich gerade etwas Gutes für unsere Gemeinschaft getan.«

»Und was?«, fragte der Prinz überrascht.

»Ich habe mir eine Minute für mich genommen. Gut, vielleicht waren es auch zwei oder drei – aber besser zu viel als zu wenig.«

»Das heißt, du hast geschlafen?«

»Aber nein, geschlafen wird in der Nacht. In der Hängematte schließe ich die Augen und bin gut zu mir. Ich grübele nicht, ich lasse Gedanken kommen. Wenn sie wollen, sollen sie kommen. Wenn nicht, sollen sie wegbleiben. Verstehst du, es ist gut für einen Zwerg – natürlich auch für einen Menschen –, wenn er gut zu sich ist, wenn er gut über sich denkt. Dann wird er stark und glücklich. Und nur wenn man stark und glücklich mit sich und für sich ist, kann man auch etwas für andere leisten. Wir Zwerge wissen das, denn wir sind eine enge Gemeinschaft, und wir können es uns nicht leisten, dass einer von uns nicht gut zu sich ist.«

»Bei uns sagt man zu einem Menschen, der erst an sich denkt und vor allem gut zu sich selbst sein will, er sei ein Egoist.«

»Ach, so ein dummes Zeug!«, rief der Zwerg aufgebracht. »Manchmal seid ihr Menschen wirklich zu dumm. Es kommt doch immer darauf an, warum man so etwas tut. Ich sehe zu, dass es mir gutgeht, weil ich nur dann auch den anderen sechs Zwergen guttun kann. Nur wer gut zu sich ist, kann es auch zu anderen sein. Jeder muss sich mögen, annehmen und seine eigenen Stärken finden. Denk daran: Statt sich dauernd über Dinge zu beschweren, die anders laufen, als du es wünschst, ist es viel wichtiger, dafür zu sorgen, dass du im Gleichgewicht bist. Nur Schwache jammern immerzu und beschweren sich – aber sie ändern nichts, sie beschweren sich damit im wahrsten Sinne des Wortes selbst. Dabei sollten sie sich nur mal ein paar Minuten Zeit für sich nehmen und sich in eine Hängematte legen. So!«

Der Zwerg ließ sich zurückfallen und schloss die Augen. Leise sprach er weiter. »Wenn man so mit sich und in sich liegt, findet man Ruhe und Zufriedenheit – und wenn es wirklich Probleme gibt, dann kann man sie jetzt am besten bedenken. Denn in Stress und Hektik denkst du nicht gut.«

Der Prinz seufzte, weil er zugeben musste, dass in den Worten des kleinen Mannes viel Wahres zu liegen schien. Er ließ sich auch zurückfallen in die Hängematte und schloss die Augen. Lange lagen die beiden so nebeneinander und schwiegen.

Dann sagte der Prinz ganz leise: »Aber mir fällt trotzdem gerade nicht ein, wie ich unsere Probleme lösen könnte.«

»Gut zu sich sein muss man erst lernen«, sagte der Zwerg. »Und fang nicht gleich wieder damit an, dich unter Druck zu setzen. Genieße es einfach, hier zu liegen und die Vögel zu hören. Du wirst Kraft schöpfen – einfach aus dem Nichtstun. Denn auch das will gekonnt sein. Jetzt gib mir noch eine Erdbeere und halt für eine Minute die Klappe!«

Beim Abendessen amüsierten sich die Zwerge köstlich, als der Donnerstagszwerg erzählte, wie er ihren hohen Gast zum Schweigen gebracht hatte.

»Die einfachsten Dinge fallen den Menschen oft am schwersten«, sagte der Sonntagszwerg. »Mit Schneewittchen war es nicht anders. Immer musste sie plappern: Seid ihr eigentlich Brüder? Soll ich euch nicht vielleicht neue Mützen stricken? Habt ihr schon mal eure Stiefel verwechselt? Gibt es eigentlich keine Zwerginnen? Und so weiter – bis du ihr endlich beigebracht hast, wie schön es ist, auch mal zu schweigen.«

»Sie hat es am Schluss auf fast eine halbe Stunde gebracht!«, rief der Donnerstagszwerg, und alle brüllten vor Lachen.

Der Prinz war sich nicht ganz sicher, ob er mitlachen sollte, wenn man sich über seine Ahnfrau lustig machte. Sicherheitshalber schwieg er, schloss die Augen und war für einen Moment lang einfach nur gut zu sich.

FREITAG

Es war noch dunkel, als der Prinz am nächsten Morgen aus tiefstem Schlaf gerissen wurde. Jemand klopfte an die Tür.

»Aufstehen, Euro Gnaden! Raus aus den Federn!«

Hubertus riss die Augen auf. Hatte er etwa schon wieder verschlafen? Nein. Es war stockdunkel. Er kroch aus dem Bett, kleidete sich im Dunkeln an, schlüpfte in seine Schuhe und trat auf den Gang hinaus. Dort stand der Freitagszwerg, grinste breit und reichte ihm die Hand.

»Guten Morgen, Bergkamerad. Jetzt schnell ein kleines Frühstück, denn bald geht die Sonne auf!«

Der Prinz stolperte hinter dem Zwerg in die Küche. Dort gab es Kräutertee und Zwieback. Man aß im Stehen. Der Prinz war zu müde, um zu fragen, was es denn mit der fünften Regel auf sich habe; aber der Rucksack, den der Freitagszwerg trug, das Kletterseil und die Bergstiefel ließen erahnen, wohin es gehen sollte. Der Zwerg stellte ihm ein Paar Bergschuhe in der Größe des Prinzen hin, dazu reichte er ihm einen Rucksack und einen dicken Anorak – und während Hubertus seine Bergausrüstung anzog, richtete der Freitagszwerg das Frühstück für die restlichen sechs Zwerge. Dann traten die beiden hinaus in die kühle, sternenklare Nacht. Ein zarter rosa Schimmer am östlichen Horizont deutete darauf hin, dass die Sonne bald aufgehen würde. Der Prinz blieb vor der Tür stehen und starrte in den Himmel.

»Das ist ja einfach … unglaublich. Wunderschön! Ich habe noch niemals einen solchen Himmel gesehen.«

»Du bist wahrscheinlich auch noch nie so früh aufgestanden.«

»Nein. Wieso auch?«

»Weil man früh aufstehen muss, wenn man in die Berge gehen will. Es gibt nichts Schöneres, als beim Aufstieg zu erleben, wie die Sonne aufgeht. Du kletterst gemeinsam mit ihr in die Höhe, spürst, wie es langsam heller und wärmer wird, siehst, wie sich die Farben verändern. Ein wirkliches Wunder, an dem ich mich niemals sattsehen kann.«

Der Freitagszwerg begann mit gleichmäßigen Schritten einen schmalen Gebirgspfad hinaufzusteigen, und der Prinz folgte ihm.

Noch war er gut bei Puste, also begann er eine kleine Unterhaltung mit ihm.

»Machst du das jeden Tag?«

»Natürlich. Schließlich bin ich Bergführer.«

»Aber hier gibt es doch außer deinen Kumpels niemanden, den du führen könntest.«

»Stimmt. Doch heute bist du da. Eine schöne Abwechslung. Der erste Bergkamerad, den ich seit …«, er dachte etwas nach, »… 573 Jahren führe. Der letzte war Schneewittchen.«

»Ist das nicht schrecklich langweilig?«

»Was denn?«

»Immer nur alleine zu gehen, wenn man doch Bergführer ist.«

»Aber nein«, lachte der Zwerg und deutete mit einer großen Geste auf das Gebirgspanorama um sie herum,

das langsam von mildem, rötlichem Licht übergossen wurde, »sieh dir nur diese Schönheit an. Dabei wird es einem niemals langweilig.«

»Ich dachte nur … weil du immer alleine bist und immer denselben Weg gehst.«

»Wer sagt, dass ich immer denselben Weg gehe?«

»Bergführer tun das doch, oder? Sie kennen die besten Wege und weichen niemals davon ab.«

Der Zwerg lachte. »Du hast vielleicht Vorstellungen. Nein, im Gegenteil. Richtige Bergführer probieren immer wieder mal neue Wege aus, und sie können das eben, weil sie die Berge gut kennen, weil sie sicher auch im gefährlichsten Gelände sind. Nur Menschen, die unsicher sind, nehmen immer denselben Weg. Die Armen. Sie wissen gar nicht, was ihnen alles entgeht.«

»Was ist denn so schlimm daran, immer denselben Weg zu nehmen? Ich fahre auch immer denselben Weg vom Schloss ins Dorf. Es ist der beste und der schnellste.«

»Klar. Wenn du nur schnell und sicher vom einen Ort zum anderen kommen willst, dann ist das wohl der beste Weg. Aber das Leben ist nicht immer so.«

»Nein. Manchmal weiß man gar nicht, wo man ankommt – und manchmal weiß man auch nicht, welchen Weg man nehmen soll, obwohl man das Ziel kennt.«

»Eben. Dabei gibt es bei euch doch so einen Spruch dazu …«

»Der Weg ist das Ziel.«

»Stimmt. Nur viele verstehen diesen Satz anscheinend falsch. Er bedeutet weder, dass es völlig unwichtig ist, wo man ankommt, noch meint er einen bestimmten Weg. Du

kannst auch gerne stattdessen sagen: Die Wege sind das Ziel. Und was ich damit meine: Das Ziel ist es, immer neue Wege zu gehen. Die Betonung liegt dabei einmal auf neu und natürlich auch auf dem Gehen. Das Entscheidende ist, wie du mit Neuem umgehst. Für viele von euch Menschen ist Neues eine Bedrohung, weil es für sie unbekannt ist und ihnen Angst macht. Aber auch, weil sie Altes loslassen müssen. Und Loslassen, mein lieber Hubertus, das scheint ihr Menschen gar nicht zu mögen. An allem wollt ihr festhalten: an eurem Besitz, an euren Vorstellungen, an euren Gewohnheiten und natürlich auch an eurem Leben. Habt ihr ganz vergessen, dass eure großen Weisen euch seit Jahrtausenden zugerufen haben: Lernt endlich loszulassen! Wir Zwerge hätten nicht überlebt, wenn wir nicht gelernt hätten, uns immer wieder von Altem zu trennen und Neues zuzulassen.« Und schmunzelnd fügte er hinzu: »Andernfalls hätten wir uns damals auf das Abenteuer mit Schneewittchen sicher nicht eingelassen – und auch dich gleich wieder weggeschickt!«

Während der Zwerg seine Schritte beschleunigte, war Hubertus sehr nachdenklich geworden: »Du meinst also«, sagte er nach einer Weile, »man sollte sich nicht von Gewohnheiten fesseln lassen?«

»Ja. Weder von Gewohnheiten noch von Groll über erlittenes Unrecht.«

»Worauf willst du denn damit hinaus? Wer will denn schon an Groll festhalten?«

»Ja, das fragen wir uns hier auch immer. Aber ihr Menschen habt anscheinend eine richtige Kultur des Nachtragens und der Vergeltung entwickelt. Dass in der Bibel

steht, ihr sollt vergeben, scheint ihr überlesen oder vergessen zu haben. Ihr schleppt euch ab mit all den Dingen, die ihr anderen nachtragt, statt ihnen ihre Fehltritte einfach nachzusehen.« Und mit verschmitztem Lächeln fügte er hinzu: »Dabei liegt es doch auf der Hand: Nachsehen ist viel leichter als Nachtragen.« – Mehr schien er hierzu nicht sagen zu wollen, und für eine Weile setzten die beiden ihren Weg schweigend fort. Hubertus versuchte, das Gehörte zu verarbeiten. So hatte er die Dinge noch nicht gesehen. Anscheinend gehörte auch eine neue Sicht der Dinge zu den neuen Wegen, die er beschreiten sollte.
»Übrigens, wohin gehen wir denn gerade?«

»Auf den Gipfel. Das ist ja nicht besonders schwer zu erkennen, es geht schließlich aufwärts.«

»Dann führt wohl jeder Weg hinauf automatisch zum Gipfel?«

»Über kurz oder lang – ja.«

»Aber es gibt bestimmt leichtere und schwere Wege, oder sogar richtige und falsche?«

»Nein, falsche gibt es eigentlich nicht. Jeder geht seinen Weg, und je mehr Wege er ausprobiert, umso besser für ihn. Es gibt vielleicht nur einen falschen Weg: ein Leben lang immer denselben zu gehen. Das mag zwar sicherer erscheinen, endet aber in Erstarrung. Und Erstarrung führt über kurz oder lang zum Tod. Auch bei euch leben viele Menschen im Griff starrer Überzeugungen. Erst wenn ihr sie loslasst, werdet ihr wieder richtig leben.«

Der Freitagszwerg blieb stehen und drehte einen der flachen Steine um, die hier – auf der Hochebene, auf der sie eben angekommen waren – zu Hunderten herumlagen.

»Was tust du denn da?«, fragte der Prinz.

»Ich drehe Steine um.«

»Das sehe ich. Aber was soll das?«

»Unter jedem Stein kann etwas liegen; bist du noch nie auf diese Idee gekommen? Man kann einen seltenen Salamander darunter finden, einen Halbedelstein oder den Eingang zu einer Steinbeißerhöhle.«

»Hast du schon je etwas unter einem solchen Stein gefunden?«

»Nein. Aber das ist doch kein Grund, damit aufzuhören.«

Unter solchen Gesprächen waren die beiden höher und höher gestiegen, und der Prinz war so von der Unterhaltung gefesselt gewesen, dass er nicht auf den Weg geachtet hatte.

Schließlich habe ich ja einen Führer dabei, dachte er. Ein solcher Bergführer ist schon eine enorme Erleichterung. Es sollte Bergführer für alle Beschwernisse geben, die einem begegnen – dann wäre das Leben um einiges leichter.

Inzwischen schien der Gipfel des Berges schon ganz nahe zu sein. Der Freitagszwerg blieb stehen und deutete hinauf.

»Jetzt sieht es doch so aus, als würde es nur noch einen Weg geben, oder?«

Der Prinz nickte. »Scheint ja auch nur noch ein kleiner Spaziergang zu sein.«

»Das ist immer so. Kurz vor dem Ziel scheint es immer nur noch einen Weg zu geben. Aber das ist oft eine gefährliche Täuschung. Denn gerade kurz vor dem Ziel kann man sich besonders leicht verlaufen.«

»Aber du kennst ja den richtigen Weg«, sagte der Prinz. »Schließlich bist du der Bergführer.«

»Sagte ich nicht schon, dass es keinen richtigen Weg gibt? Ich dachte, das hättest du verstanden. Und wenn es gestern tatsächlich ein richtiger gewesen wäre, dann müsste es heute kein richtiger mehr sein. Er hätte von einem Steinschlag verschüttet worden sein können. Nein, wir probieren immer neue Wege aus – auch wir Bergführer. Wir sagen es unseren Bergkameraden nur nicht. Schließlich wollen wir ihnen keine Angst machen.«

Der Prinz schluckte. Plötzlich fühlte er sich nicht mehr so sicher. Hoffentlich hatte sich der Zwerg wenigstens den Weg gemerkt, den sie bisher hinaufgestiegen waren. Er schien seine Gedanken lesen zu können, denn er legte Hubertus die Hand auf den Arm und sagte: »Nun wollen wir deinem Weg folgen. Nachdem ich dir sagte, es gibt keinen falschen, werde ich mich nun dir anvertrauen. Geh los, ich folge dir. Die Frage ist nur, ob du selbst dich dir anvertrauen kannst.«

Der Prinz blickte hinauf zum Gipfel. Er war völlig fremd hier; er wusste nicht einmal, wie dieser Berg hieß. Warum nur musste er sich entscheiden? Warum hatte er einen Führer dabei?

Dann gab er sich einen Ruck. »Hier entlang«, sagte er und stapfte los. »Wenn es keinen falschen Weg gibt, dann nehmen wir eben diesen.«

»Ausgezeichnet«, sagte der Zwerg. »Vertrauen ist schon mal ein sehr guter Anfang.«

Auf dem Weg zum Gipfel hatten sie ein paarmal die Richtung wechseln müssen. Einmal, weil der Weg in einer Schlucht endete, ein andermal, weil sie in einem gefährlichen Lawinenfeld landeten, schließlich mussten sie vor einer Steilwand umkehren und einem Gletscherabriss weichen. Aber all diese Rückschläge bedeuteten erstaunlicherweise auch gleichzeitig glückliche Erlebnisse. So hatte der Prinz eine tiefe Spalte gerade noch entdeckt, bevor sie hineingefallen waren. Sie hatten eine Herde Steinböcke gesehen – ein seltener Anblick, der Hubertus den Atem nahm. Sogar der Zwerg hatte, wie er gestand, noch niemals Steinböcke in diesen Bergen gesehen. Und im Lawinenfeld hatten sie eine possierliche Familie von Murmeltieren beim Spielen beobachtet.

Es war bereits Nachmittag, als sie endlich den Gipfel erreichten. Sie setzten sich auf einen Findling, und der Freitagszwerg packte eine zünftige Brotzeit aus. Sie aßen, tranken, schwiegen und schauten in die Ferne.

»Herrlich! Nun kann ich verstehen, warum Menschen vom Bergsteigen begeistert sind. Eine atemberaubende Aussicht! Ob es jeden Tag so schön hier oben ist?«

»Es ist jeden Tag anders«, sagte der Zwerg. »Das ist das Einzige, das man sicher sagen kann. Trotzdem ist es immer schön, wenn man einen Weg zu einem Ziel gefunden hat. Egal, ob das ein Berggipfel ist oder ein neues Bratenrezept.«

»Das kann man ja kaum vergleichen.«

»Oh, doch. Es geht nicht darum, welche Ergebnisse unsere Wege zeitigen – das Wichtigste ist, dass wir immer neue finden. Das kann man in den Bergen machen, aber auch in seiner Küche. Du kannst auch in deinem Wohnzimmer neue Wege gehen.«

Der Prinz wies den Zwerg darauf hin, dass es im Schloss kein Wohnzimmer gab, nur einen großen Thronsaal, einen grünen und einen blauen Salon, mehrere Spiegelsäle und mehrere Räumlichkeiten, in denen alte Rüstungen ausgestellt waren.

»Egal. Stell einfach mal die Möbel im blauen Salon um – oder vertausche sie mit denen im großen Thronsaal. Iss mal mit Stäbchen, stell dir einen Kaktus statt Rosen auf den Tisch, lade deine Diener zu einem Scrabbleturnier ein. Aber das Wichtigste ist: Bleib immer neugierig! Hör nie auf zu lernen, egal, ob es Sprachen sind, Tänze, Sportarten oder ein Musikinstrument. Lerne neue Spiele und neue Kochrezepte. Geh ins Museum, ins Theater und ins Kino, reise und lerne neue Menschen kennen. Gib dich nie mit einfachen Antworten zufrieden. Nimm nichts als bekannt und erledigt an, denn jede neue Begegnung kann aus dem Gestern wieder ein Morgen machen – packe Neues an, lerne, sei offen, bilde dich weiter. Dass du beschlossen hast, uns hinter den sieben Bergen zu besuchen, war schon der erste wichtige Schritt in ein neues Leben. Du bist einen neuen Weg gegangen – obwohl du nicht wusstest, wohin er dich führen würde. All das sind neue Wege, und sie werden dich weiter bringen als es jedes computergestützte GPS-Navigationssystem kann. Außerdem: Im Leben gibt es kein Navi!«

Nach diesem Vortrag erhob sich der Zwerg. »Übrigens werden wir nicht gemeinsam zum Haus zurückkehren, denn zur fünften Regel gehört auch die praktische Anwendung: Eigene Wege muss man im Kopf gehen, aber auch mit den Füßen. Und nun ist es an der Zeit, dass sich unsere Wege trennen und jeder seinen eigenen Weg geht!«

Der Zwerg schnallte sich den Rucksack um, nickte Hubertus kurz zu und war verschwunden. Noch bevor der Prinz sagen konnte: »Halt, halt! Du kannst mich doch hier nicht alleine lassen. Schließlich habe ich mir den Heimweg nicht gemerkt. Und ich habe keinen Kompass … und keine Landkarte … ich weiß nicht einmal, in welcher Richtung das Zwergenhaus liegt!«

Aber das sagte der Prinz nicht. Der Zwerg hätte es sowieso nicht mehr gehört.

Am Abend saßen alle Zwerge zusammen und warteten auf den Prinzen. Es gab Linseneintopf mit Würstchen, und obwohl alle rechtschaffen hungrig waren, blieb der Deckel der Terrine geschlossen.

»Ob er sich verlaufen hat?«, fragte der Sonntagszwerg.

»Unwahrscheinlich«, sagte der Montagszwerg. »Ich habe ihm alles beigebracht, was man über Perspektive und wechselnde Aus- und Ansichten wissen muss. Er sollte schon heimfinden.«

»Das meine ich auch«, sagte der Dienstagszwerg. »Er weiß sich zu konzentrieren und das Unwichtige vom Wichtigen zu unterscheiden. Und das ist bei Bergtouren ja das A und O!«

»Der kommt schon«, sagte der Mittwochszwerg. »Er macht halt kleine Schritte. Das ist sowieso besser und vor allem sicherer in diesem unwegsamen Gelände. Besonders in der Dämmerung.«

»Klar. Kein Problem«, sagte der Donnerstagszwerg.

»Er macht immer wieder kleine Pausen und tut sich etwas Gutes. Zum Beispiel die Sonne beim Untergehen betrachten oder tief die gute Bergluft einatmen.«

»Er wird einfach ein paar neue Wege ausprobieren«, sagte der Freitagszwerg. »Wenn es nur nicht zu viele sind. Denn hoffentlich hat er das mit dem Weg und dem Ziel nicht missverstanden.«

Da ging die Tür auf, und Prinz Hubertus kam herein, mit blitzenden Augen und einem Gesicht, aus dem das reine Glück strahlte.

»Habe ich es euch nicht gesagt!«, rief der Freitagszwerg erleichtert. »Er findet wieder nach Hause.«

»Na klar, schließlich ging es ja immer nur abwärts«, rief der Sonntagszwerg und lachte.

»Ich habe einen ganz neuen Weg gefunden«, sagte der Prinz. »Einen, den ich noch nie gegangen bin. Es war herrlich!«

SAMSTAG

Am nächsten Tag konnte der Prinz endlich einmal ausschlafen, denn auch bei den Zwergen wird am Wochenende gefaulenzt. Und nach der anstrengenden Bergbesteigung vom Vortag war Hubertus sehr froh über die zusätzliche Erholung. Er stand wie die anderen Zwerge gegen zehn Uhr auf, wartete, bis das Bad frei war (das dauert bei sieben Zwergen immer etwas, denn auch wenn sie klein sind, waschen sie sich doch äußerst gründlich), und endlich saßen alle acht zusammen am Frühstückstisch, aßen gebutterten Toast mit Holunderblütenhonig und tranken dazu Kräutertee.

Gerade wollte der Samstagszwerg erzählen, was er heute mit Seiner Hoheit alles vorhatte, da klingelte und klimperte es in der Küche. Der Prinz und die Zwerge erstarrten, hoben ihre Köpfe und lauschten. Das Klingeln kam aus dem Küchenschrank, und es waren die Gläser und Tassen, die vibrierten und gegeneinanderstießen. Gleichzeitig hatten alle das Gefühl, als hätte sich der Boden etwas bewegt, und dann, nach einer beruhigenden Pause, wackelte der Boden noch einmal – diesmal stärker –, und aus dem Küchenschrank ertönte ein Klirren und Scheppern. Der Sonntagszwerg sprang auf. »Ein Erdbeben! Los, sofort raus aus dem Haus!«

Nach einer Schrecksekunde erwachten alle aus ihrer Erstarrung, stürzten zur Tür hinaus, Hubertus als Letzter hinterher. Sie liefen ein paar Meter in den Garten hinaus, drehten sich um – und tatsächlich, das kleine Zwer-

genhaus schien zu zittern, so als ob es sich vor Kälte schütteln würde. Nach ein paar bangen Sekunden trat wieder Ruhe ein. Der Prinz war beeindruckt. Es war immerhin sein erstes Erdbeben.

»Na, da hat sich die Erde aber anständig geschüttelt«, sagte der Mittwochszwerg. »Aber das muss auch mal sein. Jetzt dürfte es vorbei sein.«

Wie zur Antwort ertönte in der Ferne ein gewaltiges Krachen und Beben, aber die Erde bewegte sich nicht dabei.

»Das war in der Böllerschlucht!«, rief der Zwerg. »Kommt, das müssen wir uns ansehen!«

Schon liefen die sieben los, und dem Prinzen blieb nichts anderes übrig, als hinterherzulaufen. Denn alleine wollte er jetzt nicht bleiben. Nicht nach dieser schrecklichen Erfahrung, dass man selbst im heimelichsten Zwergenhaus plötzlich nicht mehr sicher war.

Nach ein paar Minuten hatten sie den Wegweiser erreicht, den der Prinz schon kannte, und wandten sich in die Richtung zur Brücke über die Böllerschlucht. Dann sahen sie es: Die Brücke war verschwunden, die Haltepfeiler zusammengebrochen und die gesamte Hängebrücke in die reißenden Fluten der Böller gestürzt.

»Alle Wetter!«, sagte der Dienstagszwerg. »Das muss ja einen ganz schönen Rums gegeben haben. Na, da sollten wir schleunigst mit dem Wiederaufbau beginnen.«

»Wir?«, sagte der Prinz. »Das ist doch wohl eher die Aufgabe des Technischen Hilfswerks oder der Feuerwehr. Sollten wir nicht erst einmal abwarten, was die Profis dazu sagen?«

Die Zwerge lachten. »Du hast schon wieder vergessen, wo du dich befindest. Es gibt hier keine Polizei, keine Feuerwehr und kein Technisches Hilfswerk. Allerdings – wenn dich das beruhigt – auch kein Finanzamt!«

Der Prinz wunderte sich, wie die Zwerge derart guter Laune sein konnten, wo doch gerade ein Erdbeben die wichtige Brücke über die Böllerschlucht niedergerissen hatte. Da fiel ihm ein, dass diese Brücke auch für ihn selbst sehr wichtig war, denn sie war der einzige Weg aus dem Reich der Zwerge. Und morgen sollte sein Crashkurs beendet sein, da wollte er zurückkehren. Es war höchste Zeit, denn in einer Woche konnte sich schon viel Unheil über dem Schloss zusammengeballt haben.

Der Prinz war verzweifelt.

»Aber wenn es keine Feuerwehr und keine Hilfskräfte gibt, wie soll ich denn jemals über diesen verdammten Fluss kommen!?«

»Na, wie vorher auch – über die Brücke. Wir werden sie eben wieder aufbauen.«

Der Prinz sah den Samstagszwerg überrascht an. »Wir? Ein Adeliger mit zwei linken Händen und ein paar … Zwerge. Ja gut, meinetwegen seid ihr handwerklich begabt, aber eine Brücke über eine derart tiefe Schlucht! Das ist sogar für eine Pionierabteilung der Armee eine schwierige Aufgabe. Und so etwas geht nicht an einem Tag.«

»Wenn man es nicht anders gewohnt ist, kann das natürlich nicht gehen«, sagte der Samstagszwerg. »Wenn man automatisch gleich die Hände in den Schoß legt, weil ja immer jemand anders dafür zuständig ist, dann weiß man nicht, was man wirklich schaffen kann. Aber weil

hier keine Feuerwehr kommt, wenn es brennt, und keine Polizei, wenn böse Schwiegermütter Giftanschläge auf kleine Mädchen verüben – deshalb müssen wir uns eben selber um alles kümmern. Wir sind alle für uns verantwortlich, und wenn man das weiß, wird man gleich ein bisschen kräftiger.«

Inzwischen hatte sich eine Schar Tauben am Rand der Böllerschlucht niedergelassen und zwitscherte aufgeregt. Der Dienstagszwerg unterhielt sich mit ihnen; nach kurzer Zeit flog der Schwarm wieder los, und man konnte beobachten, wie jeder Vogel in eine andere Richtung verschwand.

»Es ist natürlich von Vorteil, wenn man sich mit den Tieren unterhalten kann«, sagte der Dienstagszwerg, »aber einen Vorteil müssen wir schon haben, wenn wir auf all eure Annehmlichkeiten verzichten müssen. Es gibt hier keine Handys, keine Hubschrauber, keine Hydraulikbohrer und keine Hebekräne, aber jede Menge Tiere im Wald, mit denen wir uns gut verstehen.«

»So, und jetzt werden wir den Wiederaufbau organisieren«, sagte der Samstagszwerg und deutete zuerst auf den Montagszwerg: »Du besorgst Faden, dünnen Hanf, Leinen und Seile!«, und dann auf den Dienstagszwerg: »Du reißt mit dem Donnerstagszwerg unseren Zaun ab. Wir brauchen Planken für die Hängebrücke!« Zum Mittwochszwerg sagte er: »Du holst Bergmannswerkzeug!« Der Freitagszwerg sollte Proviant besorgen und der Sonntagszwerg eine kräftige Tanne fällen und zu vier Balken zersägen, die später die Haltepfosten für die neue Brücke ergeben sollten.

»Ich und der Prinz, wir werden uns die Organisation

teilen.« Und zu Hubertus sagte er, nachdem die Zwerge in alle Himmelsrichtungen verschwunden waren: »Denn auch wenn jede einzelne Arbeit von großer Wichtigkeit ist, die Organisation bleibt das Allerwichtigste. Schließlich muss am Ende alles ineinandergreifen, so wie das komplizierte Räderwerk einer Uhr – und das größte Geheimnis der Uhr ist doch ihre Organisation. Jedes einzelne Teilchen dreht sich hin oder her – hier greift ein Rädchen ins andere, dort dreht sich eine Welle und ein Zapfen –, aber damit das alles einen Sinn bekommt und ein Ergebnis zeitigt, dafür braucht man einen großen Plan. Und das ist das Geheimnis einer Uhr, glaubst du nicht auch?«

Der Prinz nickte. Für Organisation war im Schloss der alte Rupprecht zuständig, der die Kammerdiener und Zimmermädchen einteilte. Das hatte er schon unter Hubertus' Vater gemacht. Keine Arbeit für einen Prinzen.

»Wir hier im Wald hinter den sieben Bergen sind auch so etwas wie ein großes Uhrwerk, nur sieht man es nicht so genau. Es organisiert sich immer neu, so wie es gerade gebraucht wird. Und heute brauchen wir alle Rädchen, die wir kriegen können. Bei euch heißt das Solidarität, bei uns einfach Waldgemeinschaft. Wir sind keine Egoisten, denn erstens leben Egoisten selten glücklich, zweitens hätten sie hier gar keine Chancen. Zwerge waren immer schon Gemeinschaftswesen, die geborenen Teamworker – und das schon lange, bevor ihr euch dieses Wort ausgedacht habt. Ah, hier kommen schon die ersten Mitarbeiter …«

Ein paar Junghirsche brachen durchs Unterholz, gefolgt von einem Wiesel und mehreren Eichhörnchen. Sogar drei stämmige Braunbären tauchten auf, zu denen der Prinz jedoch spontan auf Abstand ging. Der Samstagszwerg erklärte die Lage und teilte die Tiere ein. »Die Bären sind die Kräftigsten, die müssen die Pflöcke einschlagen. Die Hirsche ziehen die Brücke über die Schlucht, die Eichhörnchen und das Wiesel knüpfen die Latten ins Seil …«

Inzwischen war der Montagszwerg mit Fäden, Stricken, Seilen und schweren Tauen gekommen und zwei Zwerge mit Bündeln von Zaunlatten – stabile Eichenbretter, die den Brückenbelag bilden sollten. Die Zwerge legten die Latten säuberlich in einer langen Reihe aus, und die kleinen Tiere machten sich daran, sie mit festen Seilen zusammenzuknüpfen.

»Sieht ganz vernünftig aus«, sagte der Prinz. »Bloß, wie wollt ihr diese schwere Hängebrücke über die Schlucht bekommen?«

»Das werden die Vögel machen«, sagte der Zwerg.

Der Prinz schüttelte mitleidig den Kopf.

Da kam der Schwarm Tauben zurück, mit ihm ein paar Drosseln, Rotkehlchen und ein Zaunkönig. Jetzt zeigte der Samstagszwerg, wie Organisation funktioniert. Er gab je einer Taube ein Ende eines langen Bindfadens in den Schnabel, die beiden Vögel flogen über die Schlucht, schlangen ihre Fäden jeweils um zwei benachbarte stabile Baumstämme und flogen wieder zurück. Der Zwerg knüpfte an die Enden zwei dickere Fäden, zog sie über die Brücke und wieder zurück, knotete dann zwei dünne Stricke daran, dann dickere Stricke und schließlich die dicken Taue, die die Hängebrücke halten sollten. Inzwischen waren die restlichen Zwerge und Kleintiere mit

dem Befestigen der Zaunlatten fertig. Nun waren die Hirsche dran. Sie legten sich ins Zeug und zogen die schwere Hängebrücke Meter für Meter über die Schlucht, bis das eine Ende auf der anderen Seite angekommen war. Nun schlugen die Bären mit ihren Pranken zwei Balken am Rand der Schlucht in den Boden, daran wurden die Seile befestigt, alles fein ordentlich festgezurrt und gespannt – das alles bei den letzten Strahlen der untergehenden Sonne.

Als die Brücke fertig war, setzten sich der Prinz, die Zwerge und alle Tiere des Waldes, die geholfen hatten, an den Rand der Böllerschlucht und betrachteten gemeinsam stolz und glücklich das Werk ihrer Hände, Flügel, Krallen und Pfoten.

»Wunderschön«, sagte eine alte Taube. »Eigentlich bräuchte ich keine Brücke, denn ich kann ja über die Schlucht fliegen, aber es würde mir etwas fehlen, wenn sie nicht mehr da wäre.«

»Gute Arbeit«, brummte der Bär. »Stabil, fest und zuverlässig. Bärenstark!«

»Handwerklich sauber und ästhetisch anspruchsvoll«, flüsterte das Wiesel, das geholfen hatte, die Zaunlatten zu verknoten. »Denn eine Brücke muss nicht nur sicher, sie muss auch schön sein!«

So hing jedes Tier und jeder Zwerg seinen Gedanken nach; sie alle waren müde und erschöpft von der langen Arbeit, aber auch glücklich und zufrieden. Auch Prinz Hubertus war zufrieden. Er hatte eine wichtige Lektion gelernt. Die vorletzte in seinem Crashkurs. Und er fragte sich, was der Samstagszwerg heute wohl mit ihm angestellt hätte, wäre die Brücke nicht eingestürzt.

»So, jetzt kommt alle zu uns! Wir machen ein Brückenfest«, sagte der Sonntagszwerg. »Es gibt Apfelwein und Bratwürste mit Kartoffelsalat. Und Holundertorte für die Vegetarier!«

Am Abend war das Haus proppenvoll. Neben Hubertus und den Zwergen saßen drei Bären am Tisch, das Rotwild schob die Köpfe durch die geöffneten Fenster, auf dem Sofa drängelten sich das Wiesel und die Eichhörnchen, und auf der Vorhangstange saßen Tauben, Drosseln, Rotkehlchen und ein Zaunkönig bunt durcheinander. Jeder redete mit jedem, und vor allem die Bären wollten so viel vom Prinzen wissen: Was er von Pelzmänteln halte, ob er noch Drückjagden in seinen Wäldern veranstalten würde und ob es tatsächlich kleine bunte Näschereien in Bärenform gäbe. Und alle waren sie glücklich und zufrieden, ein derart gewaltiges Werk geschafft zu haben.

»Ist es nicht wunderbar, diese Gemeinschaft!«, rief der Montagszwerg.

»Freundschaften bedeuten Sicherheit!«, rief der Dienstagszwerg.

»Heimat ist auch immer die Heimat der anderen!«, dozierte der Mittwochszwerg.

»Ohne eine gute Nachbarschaft wird kein Märchen wahr!«, sagte der Donnerstagszwerg.

»Hilfreiche Freunde, das sind die Wurzeln des Glücks!«, rief der Freitagszwerg.

»Wer nicht aufeinander schaut, hat ganz schnell auf Sand gebaut!«, sang der Samstagszwerg. »Das steht auch auf dem Bild mit den sieben Regeln.«

»Das Wir-Gefühl stärken, das muss unsere Devise sein!«, skandierte der Sonntagszwerg.

»Es gibt mehr als nur den Return on Investment! Ein Hoch auf die neue Zivilgesellschaft!«, rief der Prinz, der schon etwas vom Apfelwein benebelt war. Er war ebenso glücklich wie all die anderen, denn etwas derart Gewaltiges hatte er in seinem ganzen Leben noch nicht mitgemacht.

SONNTAG

Am Sonntag verabschiedete sich der Prinz nach einem fürstlichen Frühstück herzlich von den Zwergen. Er ging tief in die Knie und umarmte einen nach dem anderen.

»Montagszwerg, ich danke dir für die neuen Aus- und Ansichten, die ich bei dir gewinnen durfte. Ich werde dir nie vergessen, dass du mir das richtige Hinsehen gezeigt hast und mich gelehrt hast, dass es nicht nur die eine Perspektive gibt – meine nämlich.«

»Gern geschehen, Hoheit«, sagte der Montagszwerg artig. »Ich schätze, Eure Aussichten sind gewaltig gestiegen.«

»Dienstagszwerg, ich erinnere mich mit großer Freude an die Arbeit in deinem Garten. Danke, dass du mir die Kraft der Beständigkeit und Ausdauer nähergebracht hast.«

»Schon gut, mein Großer«, sagte der Dienstagszwerg. »Konzentriere dich einfach aufs Wesentliche, dann wird es schon!«

»Mittwochszwerg, ich bedanke mich für die Ehre, in deinem Edelsteinbergwerk Gast gewesen zu sein. Ich werde von nun an meine Schritte sehr genau einteilen.«

»Nur nicht wieder in den alten Trott verfallen«, sagte der Mittwochszwerg. »Und denke daran: Nicht deine Beine sind das Maß aller Dinge!«

»Donnerstagszwerg, auch dir möchte ich danken. Von

dir habe ich gelernt, dass man zuerst gut zu sich selber sein muss, bevor man anderen Gutes tun kann.«

»Na, dann sei so gut und mach mal Pause«, sagte der Donnerstagszwerg, klopfte Hubertus auf die Schulter und schloss die Augen.

»Freitagszwerg, dir verdanke ich eine der schönsten Wanderungen meines Lebens. Ich verspreche dir, dass ich immer nach neuen Wegen Ausschau halten werde.«

»Das freut mich. Hatte schon ein wenig Sorge, dass du nicht zurückfindest.«

»Und dir, Samstagszwerg, danke ich besonders. Denn gestern habe ich erlebt, wie schön gemeinsames Erleben und gemeinsames Arbeiten sein kann. Viel schöner jedenfalls, als einsame Entscheidungen zu treffen und alleine im Büro zu sitzen.«

»Danke nicht mir«, sagte der Samstagszwerg geschmeichelt, »danke all den Helfern – und denke daran, dass du immer so viel Hilfe und Unterstützung bekommen wirst, wie du brauchst. Du musst nur darum bitten!«

Nur vom Sonntagszwerg verabschiedete sich der Prinz nicht. Noch nicht, denn der wollte ihn über die neue Brücke bis zu einer Stelle begleiten, von der aus der Prinz sein Schloss sehen konnte, und ihm den kürzesten Weg nach Hause zeigen.

Die beiden brachen auf, und alle paar Meter drehte sich der Prinz wieder um und winkte den immer kleiner werdenden Zwergen zu, die sich vor dem Haus versammelt hatten und ihre Mützen schwenkten. Hubertus war nur eine knappe Woche hier zu Gast gewesen, und doch hatte er das Gefühl, von einer vertrauten Umgebung Abschied

zu nehmen, von wahren Freunden und von Wesen, die ihm für immer tief verbunden bleiben würden.

Schließlich waren die sechs so klein geworden, dass sie selbst für Zwerge winzig wirkten; der Prinz winkte noch ein letztes Mal und lief dann dem Sonntagszwerg hinterher. Nach ein paar Minuten kamen sie an die neue Brücke über die Böllerschlucht, die sie sehr langsam, sehr vorsichtig, aber auch sehr stolz überquerten. Schließlich waren sie die Ersten, die das gestern gerade noch vor Einbruch der Dunkelheit fertiggestellte Bauwerk betraten.

»Hättest du dir gestern, als wir nach dem Beben am Rande der Schlucht standen, vorstellen können, dass wir heute Vormittag schon über eine funkelnagelneue Brücke gehen?«, fragte der Zwerg.

»Niemals. Das wäre mir im Traum nicht eingefallen.«

»Ah! Gutes Stichwort. Gerade darüber wollte ich nämlich mit dir sprechen. Du hast in den letzten Tagen eine Menge gelernt, aber nun stellt sich eine Frage. Nämlich – wozu?«

»Wozu? Na, um meine Schwierigkeiten zu beheben. Du kennst meine Probleme doch: die Auswirkungen der Finanzkrise, der Rückgang der Besucherzahlen, der Preisverfall beim Bauholz, die Umbauten im Schloss, die kaputte Zentralheizung ...«

»... und das Cabrio deiner Frau ist nicht durch den TÜV gekommen. Ich weiß! Aber das bedeutet nur die praktische Anwendung der Regeln bei akuten Problemen. Doch etwas anspruchsvoller darfst du nach einem solchen Crashkurs schon denken. Think big! Das ist die klassische Devise der Zwerge.« Der Sonntagszwerg lachte und zwinkerte Hubertus zu. »Was du bisher gelernt hast, ist pures Handwerk. Aber jetzt solltest du dir langsam mal Gedanken machen, wofür du deine neuen Erkenntnisse und Fähigkeiten einsetzen willst. Irgendwelche Ideen?«

»Vielleicht ökologischer Landbau?«

»Vielleicht, vielleicht. Ich mag es nicht, wenn man meine Fragen mit einer Gegenfrage beantwortet. Ich will etwas über deine Träume hören.«

»Ach, Träume!«, rief der Prinz aufgebracht. »Träume sind Schäume, das hat meine Großmutter jedenfalls immer gesagt. Träume sind was für Kinder und für … für …« Er stockte und bekam einen roten Kopf.

»Und für wen noch?«

»… äh … für Märchenfiguren. Träume sind Unterhaltung für die Nacht, aber tagsüber muss knallhart gearbeitet werden. Da kann man nicht träumen, da braucht es Strukturanalysen, Kosten-Nutzen-Rechnungen, den Workflow einstellen und Risiken minimieren und …«

»Das klingt ja traumhaft«, unterbrach ihn der Zwerg, »aber keineswegs märchenhaft. Nein, jetzt mal im Ernst: Hast du nicht manchmal eine Vision, etwas ganz Großes und Besonderes, das du am allerliebsten schaffen würdest?«

»Wer Visionen hat, soll zum Arzt gehen«, sagte der Prinz, wobei er hier eine Weisheit wiederkäute, die nicht auf seinem Mist gewachsen war.

»Na, das ist ja ein cooler Spruch. Ich habe den Verdacht, je näher du deiner Heimat kommst, umso mehr verlässt dich das märchenhafte Wissen, das du bei uns kennengelernt hast.«

Der Prinz wurde nachdenklich und blieb stehen. »Das stimmt tatsächlich irgendwie. In einer Welt wie der euren kann man leicht an Träume glauben – aber wird das auch bei uns funktionieren? Ist die Kraft des Faktischen, der graue Beton der Realität nicht viel stärker als alle Träume? Oder gar Visionen? Ich weiß nicht, ob ich in dieser Welt, die so gar nichts Märchenhaftes hat, das umsetzen kann, was ich bei euch gelernt habe.«

»Na, jetzt lass dich bloß nicht entmutigen. Im Gegenteil: Visionen und Träume sind wie geistige Magneten, die dir helfen, dich zu verwirklichen. Je weniger du träumst, je weniger Wünsche und Visionen du hast, desto weniger wirst du in deinem Leben realisieren. Und mit jedem Schritt in ihre Richtung wird dein Selbstvertrauen wachsen. Du hast viel mehr Kräfte, vor allem psychische Kräfte, als du denkst. Auch mit Niederlagen kommt ihr Menschen viel besser zurecht, als ihr glaubt. In eurer Sprache könnte man sagen, dass ihr eine Art seelisches Immunsystem habt. Wenn du es dann noch schaffst, heiter zu bleiben, wenn etwas anders gelaufen ist, als du dachtest, ja vielleicht sogar darüber zu lächeln, dass manchmal die Dinge anders laufen als erwartet, wirst du mit viel mehr Gelassenheit im Leben unterwegs sein. Lass also in deinem Leben auch Platz für verrückte Ideen, für außergewöhnliche Träume, und gib niemals die Hoffnung auf.«

»Das klingt besser«, sagte der Prinz. »Ja, Hoffnung habe ich nach dieser Woche schon. Große Hoffnung. Und auch so manche neue Idee und das, was du Visionen nennst.«

Sie waren am höchsten Punkt eines Passes angekom-

men, von dem aus ein schnurgerader Weg durch den dunklen Wald ging (denselben Wald, in dem vor vielen hundert Jahren der damalige Hofjäger das kleine Schneewittchen hätte umbringen sollen, aber auch er hatte damals eine Vision gehabt; er hatte eine Hirschkuh getötet und deren Herz der bösen Stiefmutter gebracht – und Schneewittchen freigelassen), geradewegs bis zum Schloss des Prinzen.

»Nicht zu verfehlen«, sagte der Sonntagszwerg. »Ich werde dich jetzt alleine lassen.«

»Und was mache ich von jetzt an, wenn ich nicht weiterkomme?«, fragte der Prinz.

»Ach so. Ganz einfach: Ich gebe dir meine Karte mit, und wenn du eine Frage oder ein Problem hast, kannst du mir eine E-Mail schreiben.« Der Zwerg steckte ihm die Karte in die Jackentasche, winkte kurz und verschwand.

»Nicht gerade ein rührseliger Abschied«, sagte der Prinz leise. »Aber vielleicht hat er es nur eilig und will noch vor der Dämmerung wieder zu Hause sein.«

Doch etwas verärgert war Hubertus trotzdem. Irgendwie keine Art, fand er. Er marschierte los, immer der Nase nach, geradewegs auf das Schloss zu, das mit seinen strahlend weißen Türmchen, den roten Ziegeldächern und grünen Fensterläden langsam immer näher kam. Doch es wurde eine beschwerliche Wanderung. Nichts ist so anstrengend wie auf einem schnurgeraden Weg zu gehen und dabei das Gefühl zu haben, nicht von der Stelle zu kommen. Der Prinz gähnte das eine um das andere Mal, und als es langsam dämmerte, fielen ihm immer wieder kurz die Augen zu. Sekundenschlaf. Das war nicht so schlimm, als wenn er in seinem Landrover gesessen hätte, denn hier holte er sich höchstens eine kleine Beule, wenn er mit einem Baum zusammenstieß.

Hubertus konnte sich nicht erinnern, wie er in sein Bett gekommen war, aber irgendwie musste er es wohl geschafft haben, denn als er die Augen das nächste Mal öffnete, beugte sich seine Frau gerade über ihn.

»Du alter Langschläfer! Ich hatte schon Sorge, ich würde dich nicht mehr wach kriegen.«

Enttäuscht schloss er die Augen wieder. »Also doch«, flüsterte er. »Ich habe alles nur geträumt. Naja, es wäre auch zu einfach, wenn es hinter ein paar Bergen ein paar sagenhafte Zwerge gäbe, die so schlau sind, dass sie die Probleme eines adligen Unternehmers im 21. Jahrhundert lösen können. Noch dazu in Zeiten der Globalisierung!«

»Gut geschlafen, Liebling?«, sagte seine Frau.

»Zu lange, viel zu lange. Na, jetzt werde ich mich wieder in den … Alltag stürzen.«

Er stand auf und schlüpfte in seinen Morgenmantel. Auf dem Ankleideständer hingen die Hose und das Jackett, die er gestern getragen hatte. Als er in die Jackentasche griff, um die Autoschlüssel herauszuholen, erstarrte er in der Bewegung, als hätte ihn eine Schlange in die Hand gebissen. Er fühlte einen kleinen Karton, und als er ihn herauszog, war es eine Visitenkarte. In zierlichen, geschwungenen Buchstaben stand darauf:

Willkommen zu Hause, wo Träume wahr werden können.
info@hinter-den-sieben-bergen.com

Und mit blauer Tinte hatte jemand auf die Karte geschrieben:

Zwerge versetzen Berge. Dann kannst du es auch!

DIE SIEBEN SCHRITTE FÜR EIN ERFOLGREICHES LEBENSMANAGEMENT

Märchen erheitern und bezaubern uns, zugleich vermitteln sie aber auch eine Botschaft, die uns zu tieferen Einsichten und klügerem Handeln verhelfen soll. Die sieben Zwerge zeigen uns einfache, sehr effektive Erfolgsstrategien für Beruf und Alltag; sie führen uns vor Augen, wie wir viele Ziele erreichen können. Ihre Weisheiten können wir auf unsere eigenen Lebensverhältnisse übertragen und daraus unseren Nutzen ziehen. Damit dies nicht nur Prinz Hubertus gelingt, sondern auch Ihnen, bietet der zweite Teil dieses Buchs Tipps, wie Sie die Botschaften der sieben Zwerge in Ihrem Alltag umsetzen können.

Montag

Perspektive

Vieles im Leben ist abhängig von der jeweiligen Perspektive. Stets geht es darum, genau hinzuschauen und dabei auch den Blickwinkel zu verändern. Von vorne betrachtet, wiegt der Sack der Sorgen mehr als von hinten gesehen. So manches vermeintliche Elefantenproblem reduziert sich bei Veränderung der Sichtweise zu einer Mücke. Es ist oft eine Frage der Perspektive, ob ein Ereignis sich als Glück oder Unglück erweist. Wenn von zehn Dingen eines mangelhaft ist, wird der weise Mensch nicht nur die eine falsche Sache wahrnehmen, sondern auch die neun richtigen würdigen. Sich immer wieder bewusst zu machen, was im eigenen Leben alles in Ordnung ist, fördert die persönliche Zufriedenheit und erhöht die Handlungsfähigkeit im Alltag. Dankbarkeit gehört zu den besten Mitteln, die Psyche zu stärken. Um die eigene Sichtweise zu verbessern, ist es oft nötig, Abstand zu gewinnen. Abstand in eigener Sache ist besonders in schwierigen Situationen eines der besten Selbststeuerungselemente, die man im Leben entwickeln kann.

Die Perspektive entscheidet

Einer Versuchsgruppe wurde ein Blatt mit zehn einfachen Rechnungen vorgelegt. Da stand beispielsweise neben 12 + 7 = 19, 26 – 4 = 22 und 5 + 8 = 13 auch 37 – 5 = 33 – also eine sofort erkennbar falsche Rechnung. Die Frage an die Teilnehmer lautete: »Fällt Ihnen an diesem Blatt etwas auf?« – und alle, ausnahmslos alle, antworteten spontan: »Da ist eine Rechnung falsch!« Keiner sagte: »Da sind neun Rechnungen richtig.«

Mit dieser Haltung gehen ganz viele täglich durchs Leben. Sie wachen morgens auf, und das Erste, worauf sich Ihre Gedanken automatisch richten, ist irgendein ungelöstes Problem vom Vortag – während Sie völlig vergessen, dass Sie gesund sind, eine Familie haben, einen Beruf, der Ihnen Freude macht, Freunde, genug zu Essen, ein Haus in einem Wohlstandsland ohne Krieg oder Diktatur und so weiter. Dies muss man sich tatsächlich immer wieder erst bewusst machen, sonst richtet sich die Aufmerksamkeit fast nur noch auf die Dinge, die nicht stimmen.

Danken verbessert die Perspektive

Vergegenwärtigen Sie sich immer wieder die Dinge, die in Ihrem Leben in Ordnung sind, für die Sie dankbar sein können. Danken ist in vielen Situationen ein psychologischer Fahrstuhl aus dem Keller. Mit bewusster Dankbarkeit können Sie sich den Keller der Unzufriedenheit

ersparen. Wenn ich meinen inneren Fokus von »Was läuft falsch, was fehlt?« auf »Was läuft richtig, was ist gut?« umschalte, stelle ich die Balance zwischen Anspruchs- und Wunschdenken einerseits und Zufriedenheit und Dankbarkeit andererseits wieder her. Dankbarkeit ist eine der wichtigsten Ressourcen für unser seelisches Gleichgewicht.

- Danken erweitert unsere Sicht der Wirklichkeit. Wenn ich mir bewusst mache, wie viele positive Aspekte und Dinge es in meinem Leben gibt, ersetze ich gewissermaßen mein inneres Teleobjektiv, das nur auf die Defizite im Leben gerichtet ist, durch ein Weitwinkelobjektiv, mit dem ich auch all das wahrnehme, was in Ordnung ist. Auf diese Weise verhindert Danken auch, dass ich nur noch um mich selbst und meine Probleme kreise.
- Wenn ich an etwas denke, wofür ich dankbar sein kann, entsteht automatisch vor meinem inneren Auge das Bild davon. Dieses positive Bild, beispielsweise von einem geliebten Menschen, einem bevorstehenden schönen Ereignis oder einem erreichten Erfolg, weckt ein positives Gefühl in mir, verbunden mit einer entsprechend großen oder kleinen Endorphinausschüttung im Gehirn – je nachdem, wie stark die in mir aufkommende Freude ist.

Psychologen haben festgestellt:

- Dankbare Menschen sind weniger anfällig für Depressionen und können mit Stresssituationen besser umgehen.

- Sie können negative Ereignisse und Schicksalsschläge besser verarbeiten.
- Die Versuchspersonen, die sich regelmäßig notierten, wofür sie dankbar waren, realisierten im Laufe von zwei Monaten mehr Lebensziele als diejenigen, die das nicht machten.
- Dankbare Menschen verhalten sich sozialer und engagieren sich häufiger im sozialen Bereich durch Geldspenden oder ehrenamtliche Tätigkeiten.

Und so können Sie Ihre Perspektive verändern

Nehmen Sie sich ein Blatt Papier, Ihr Tagebuch oder Ihr Notebook und notieren Sie in etwa einer halben Stunde alles, wofür Sie in Ihrem Leben dankbar sein können. Alles, was in Ordnung ist, was positiv ist, worüber Sie sich freuen können. Gehen Sie die verschiedenen Bereiche in Ihrem Leben durch: Ihre Gesundheit, Ihren Beruf, Ihre Erfolge, Eigenschaften und Fähigkeiten, Wohlstand, Familie und Freunde, Ihre Vergangenheit, Gefahren, vor denen Sie bewahrt wurden, materielle und immaterielle Dinge, das Land, in dem Sie leben, bevorstehende Ereignisse und vieles mehr. Sie werden vermutlich erstaunt sein, was Ihnen dazu noch alles einfällt. Und achten Sie auch darauf, welches Gefühl Sie beim Aufschreiben haben.

Sie können sich auch jeden Morgen an Ihren Fingern zehn Dinge aufzählen, für die Sie an diesem Tagesbeginn

dankbar sein können. Das mögen grundsätzliche Dinge sein, die nahezu täglich bei Ihrer Aufzählung wiederkehren – die Familie, die erfüllende Arbeit oder Ihre Gesundheit –, genauso wie bevorstehende Ereignisse, das schöne Wetter oder der gute Schlaf der vergangenen Nacht. Wann Sie sich einem solchen Zehn-Finger-Ritual widmen, bleibt Ihnen überlassen – gleich nach dem Aufwachen oder beim Morgenlauf, unter der Dusche oder vielleicht auch erst auf dem Weg zur Arbeit. Am besten machen Sie es aber immer zum gleichen Zeitpunkt. Natürlich können Sie dieses Zehn-Finger-Ritual auch am Abend begehen – als Tagesinventur sozusagen.

Glück oder Unglück – oft nur eine Frage der Perspektive

Sicher kennen Sie Vexierbilder? Eines des bekanntesten zeigt eine Frau, die je nachdem, wie man das Bild ansieht, als elegante Dame oder als griesgrämige Alte erscheint. Auch im realen Leben kommt es häufig zu Situationen, deren ganze Tragweite sich erst nach und nach erschließt. In einer chinesischen Parabel entläuft einem Bauern ein Pferd. Die Dorfbewohner bemitleiden ihn. Am folgenden Tag kommt das Pferd mit drei weiteren zurück – alle beneiden ihn. Wiederum einen Tag später fällt sein Sohn beim Reiten von einem der Pferde und bricht sich das Bein. Alle bemitleiden ihn. Kurz darauf kommen Offiziere des Kaisers, um Soldaten zu rekrutieren. Sie nehmen alle Burschen des Dorfes mit, nur nicht den Sohn des

Bauern, weil er ja nicht gehfähig ist. Alle beneiden ihn. Glück oder Unglück: eine Frage der Perspektive. Wie bei einer Medaille haben viele Dinge nun mal zwei Seiten. Die andere Seite ist zunächst verborgen und wird erst erkennbar, wenn man die Medaille umdreht. In manchen Fällen kann es aber auch gelingen, selbst den Blick auf die andere Seite der Medaille zu werfen und in der Krise schon die Chancen zu erkennen.

- Was bringt dieses Ereignis möglicherweise auch an positiven Begleiteffekten (auch wenn diese nicht sofort erkennbar sind)?
- Was kann ich daraus lernen?

So kann eine unerwünschte Krankheit die Möglichkeit mit sich bringen, sich endlich einmal auszuruhen und etwas Zeit für sich zu haben. Dies soll und kann die Schwere der Leiden für die unmittelbar Betroffenen nicht beschönigen, aber der Blick auf die mögliche andere Seite der Medaille kann uns die Fähigkeit geben, souveräner zu agieren, unseren Blick zu weiten und damit Schwierigkeiten besser zu meistern.

Abstand in eigener Sache klärt die Perspektive

Abstand kann eine heilende oder gar problemlösende Funktion haben. Oft sind wir aber so eng mit einem Problem verstrickt und emotional involviert, dass wir die ein-

fachsten und manchmal sogar nächstliegenden Lösungen nicht finden können. Erst mit etwas Abstand gewinnen wir wieder einen klaren Kopf – und damit den Überblick und Durchblick, um die geeignete Lösung zu entdecken. Nicht umsonst sagt der Volksmund: »Wir müssen uns von den Dingen lösen, um Lösungen zu finden.« Diesen heilsamen Abstand kann man räumlich, zeitlich oder auch nur mental erreichen:

- Manchmal hilft es, in einer schwierigen Lebenssituation, die einen emotional sehr ergreift, einfach wegzufahren – an einen anderen Ort, an dem man mit etwas Distanz wieder innerlich zur Ruhe kommt. In der veränderten Umgebung ergeben sich oft neue Impulse und Erkenntnisse; die Emotionen können sich legen, und auch wenn das zurückgelassene Problem unverändert geblieben ist, kann man später souveräner damit umgehen.
- Doch auch im Kleinen lässt sich dies einsetzen: Wenn Sie beispielsweise, im Büro am Schreibtisch sitzend, telefonisch eine äußerst ärgerliche Nachricht erhalten, kann es schon helfen, wenn Sie nur aufstehen, sich einige Meter von Ihrem Arbeitsplatz entfernen, und sich die ganze Szene noch einmal aus der Distanz anschauen – wie in einem Film. Durch diese Technik der inneren Dissoziation werden Sie aus Ihren negativen Emotionen herausgerissen, und Sie können anschließend mit klarerem Kopf reagieren. Natürlich mag ein kurzer Spaziergang noch besser wirken. Gestatten Sie sich also bisweilen einfach, »einen Schritt zurückzutreten«!

- In zeitlicher Hinsicht gilt nicht nur das alte Sprichwort, dass die Zeit Wunden heilt, sondern auch die Weisheit, eine Sache – im wahrsten Sinne des Wortes – erst einmal zu überschlafen, bevor man eine Entscheidung trifft. So manches sieht am nächsten Morgen halb so wild aus; viele Emotionen lösen sich im Schlaf auf, und spätestens nach ein paar Tagen ist der Dampf raus. Manchmal wundert man sich sogar, warum man sich über diese Sache überhaupt so aufregen konnte.
- Eine noch stärkere Wirkung erzielen Sie, wenn Sie sich gedanklich in die Zukunft versetzen und sich fragen: Welche Bedeutung wird dieses Geschehen, das mich im Augenblick so aufwühlt, in einem Jahr noch haben? Wie werde ich wohl dann darüber denken? Oder, wenn das nicht genügt, in zehn Jahren? In vielen Fällen reicht jedoch schon ein kurzer Sprung in die Zukunft von nur einem Monat oder gar einer Woche. So können Sie die zeitliche Distanz auch mental erreichen – alles nur, um sich in der Gegenwart aus dem Griff der Emotionen zu befreien und dadurch besser und mit klarerem Kopf zu handeln. Ja, es kann sogar sein, dass man durch diese Betrachtung ein Quantum an weisem Humor erlangt, der einem hilft, mit mehr Leichtigkeit und Gelöstheit die Anforderungen des Alltags anzugehen – nicht um sie geringzuschätzen, sondern um sich von ihnen nicht überwältigen zu lassen.

Dienstag

Erdung

Viele Menschen haben zunehmend die Bodenhaftung verloren und kreisen mit ihren Gedanken um Äußerlichkeiten und die sogenannten großen Probleme der Welt. Es ist wichtig, zunächst bei sich im eigenen Wirkungskreis anzufangen, ihn zu ordnen und aufzuräumen, ihn zu klären und zu entrümpeln. Dies wird automatisch Ihr Leben verändern und auch nach außen wirken und ausstrahlen. Richten Sie den Fokus auf Ihren persönlichen Einflussbereich. Um sich zu erden, sollten Sie immer wieder in die Natur gehen, denn nur dort können Sie Ihr wahres Wesen wiederentdecken. Außerdem scheinen viele Menschen vergessen zu haben, dass das Leben im Hier und Jetzt stattfindet und nicht in Zukunftssorgen und Luftschlössern. Richten Sie also Ihre Aufmerksamkeit auf die Gegenwart. Vereinfachen und reduzieren Sie – erden Sie sich wieder, und kehren Sie zurück in die Gegenwart.

Eine fernöstliche Geschichte handelt von einem Land, in dem alles in Unordnung geraten ist. Die Regierenden beschließen, einen alten weisen Mönch um Rat und Hilfe zu bitten. Der Mönch willigt ein und erreicht nach beschwerlicher Reise die Hauptstadt. Unter großem Jubel wird er empfangen, und man stellt ihm ein kleines Haus zur Verfügung, in das er sich sofort zurückzieht. Am nächsten Morgen wartet eine Regierungsdelegation vor seinem Haus, doch der Mönch lässt sich nicht blicken. Und so wiederholt sich das eine Woche lang. Schließlich entschließt sich einer der Ältesten, an der Haustür zu klopfen; der Mönch erscheint und fragt sichtlich erstaunt nach dem Begehren. Die Delegierten antworten: »Meister, wir haben dich doch gebeten, uns zu helfen, unser Land in Ordnung zu bringen. Wann möchtest du denn damit anfangen?« – »Ich habe schon längst begonnen«, erwidert lächelnd der Mönch. »Ich habe das Haus geputzt und geordnet, den Garten gepflügt und bestellt, und ich habe jeden Tag meditiert. Kehrt zurück nach Hause, räumt eure Häuser auf, bestellt eure Gärten, besinnt euch auf euch selbst. So werden auch die Dörfer geordnet und die Städte und das ganze Land.«

Beginnen Sie bei sich in Ihrem Bereich!

Aufgrund der medialen Vernetzung sind heute die großen Probleme der Welt in unserem Alltag ständig präsent. Keinesfalls geht es darum, die Augen vor Klimawandel, Finanzkrise, wachsender Arbeitslosigkeit und

Armut zu verschließen, doch wenn wir etwas verändern wollen, müssen wir zunächst im eigenen Wirkungskreis beginnen und das eigene Leben ordnen – bei uns selber aufräumen, im eigenen Heim genauso wie in den eigenen Gedanken. Niemandem wird geholfen, wenn wir uns Sorgen machen. Allenfalls beeinträchtigt es unsere eigene Lebensenergie und Zuversicht. Selbstverständlich kann man ganz gezielt eines oder mehrere der großen Probleme der Welt zu seinem Thema machen, um sich dann gezielt zu engagieren. Damit wird dies auch zum Teil des eigenen Wirkungskreises. So kann sich beispielsweise jemand in der Nachbarschaftshilfe engagieren und ältere, einsame Menschen aufsuchen, falls er sich hierzu berufen fühlt. Das bloße Mitleid mit den Waisenkindern in den Slums von Kalkutta hilft diesen jedoch nicht im Geringsten, es sei denn, jemand unterstützt eine dort wirkende Organisation finanziell. Je mehr wir unser Denken von den Sorgen um die vielen und großen Probleme dieser Welt befreien, umso mehr Energie bleibt uns für die Aufgaben, die wir in unserem Wirkungskreis wählen. Das Entrümpeln – mental wie materiell – kann uns wieder erden. Nur geerdet hat man eine Basis zum Handeln.

Ordnen und entrümpeln

Aufräumen, Entrümpeln und Ordnung wirken sich positiv auf unsere innere Verfassung aus. Eines der sieben kosmischen Gesetze der altägyptischen Gottheit Hermes Trismegistos lautet: »Wie innen, so außen. Wie außen, so

innen.« Einerseits wirkt der innere Zustand eines Menschen auch auf sein Äußeres und seine Umwelt – in seinem Ausdruck, seiner Sprache, seiner Haltung und seinen Handlungen, genauso wie in den Menschen und Dingen, mit denen er sich umgibt. Andererseits beeinflusst aber auch die unmittelbare Umgebung eines Menschen seine innere Verfassung: Wenn ich um mich herum etwas ordne, aufräume, reinige oder schön gestalte, hat das gleichzeitig eine ordnende oder reinigende Wirkung auf die Seele. Damit ist Raumpflege gleichzeitig immer auch »Innenraumpflege«! Und hinterher macht man – wie der Volksmund sagt – auch auf andere Menschen einen »aufgeräumten« Eindruck.

Warum das so ist, warum Ordnen und Aufräumen uns erden und uns innerlich stärken, kann mittlerweile durch psychologische und neurowissenschaftliche Studien weitgehend belegt werden. Unter anderem hat man festgestellt, dass einfache, ordnende Tätigkeiten sogar ein gutes Mittel gegen Trübsal und depressive Stimmungen sind. Warum?

- Ausgangspunkt ist die Funktionsweise unserer beiden Gehirnhälften. Die linke Stirnhirnhälfte ist zuständig für das Erreichen von Zielen und die Kontrolle negativer Gefühle. Bei mangelnder Aktivität dieser Gehirnhälfte können wir zu Depressionen neigen; es ist also wichtig, sie zu stimulieren. Gleichzeitig kommt es zu einer Ausschüttung des Neurotransmitters Dopamin, einer Art »Schmiermittel für den Geist«, das uns schneller reagieren und denken lässt.
- Die Stimmung verbessert sich aber vor allem, wenn die

Tätigkeit auch zu Erfolgserlebnissen führt. Ist ein Ziel erreicht, geben Neuronen im Stirnhirn ein Signal, und es kommt zur Ausschüttung von Endorphinen, die positive Gefühle auslösen. Und gerade einfachere Aufgaben wie Hausarbeiten, Aufräumen oder das Ordnen von Dingen vermeiden, dass wir uns überfordert fühlen, und erleichtern uns das Erreichen unserer Ziele. Wenn Sie also mal einen schlechten Tag haben, fangen Sie einfach an, etwas aufzuräumen oder Ordnung zu schaffen – es wird Ihnen schnell um einiges besser gehen!

- Schließlich befreit Aufräumen von seelischem Ballast, denn alles Unaufgeräumte und alles Gerümpel, das wir in unserem Leben mit uns herumtragen, belasten uns bewusst oder unbewusst. Meistens haben wir ein latent schlechtes Gewissen, wenn wir an all die Bereiche denken, in denen wir eigentlich seit langem ausmisten und aufräumen sollten und wollten – wir leiden dann an dem sogenannten »Keller-Speicher-Garagen-Syndrom«. Wie befreiend kann es daher sein, wenn wir hier endlich entrümpelt und Ordnung geschaffen haben!

Zurück zur Natur

Der Mensch ist zwar ein Teil der Natur und eigentlich in ihr »zu Hause«, er hat sich jedoch im Laufe der kulturellen und industriellen Entwicklung von seinem ursprünglichen Eingebundensein in die Natur immer mehr entfernt. Gewissermaßen leben die heutigen Hightech-

menschen weitgehend in selbstgeschaffenen Kunstwelten, die sie gegen alle Beeinträchtigungen der äußeren Natur abschotten, so der Natursoziologe Rainer Brämer: »Mit der Umwelt kommunizieren wir vorwiegend über gläserne Informationskanäle – die Fenster unserer Wohnungen, Arbeitsräume und Verkehrsmittel, die Schirme unserer Fernseher und PCs, die Glasfasern unserer Kommunikationsverbindungen in alle Welt. Wir leben in technisch voll versorgten Glasmenagerien, die die Restwelt auf bloße Kulissen zusammenschrumpfen lassen.«

Je mehr die Technisierung des Lebens voranschreitet und je mehr der Mensch den Kontakt zur Natur verliert, desto wichtiger wird es, den Weg zur Ursprünglichkeit und zur Erdung in der Natur wiederzufinden, denn in der Natur finden wir unsere menschliche Natur wieder.

Warum ist das so?

Von Zeit zu Zeit brauchen wir als Ausgleich zur technisierten und uns oft überfordernden Welt die Möglichkeit, wieder in einer natürlichen Umwelt aufzutanken. Nach dem Resonanzprinzip reaktivieren die Schwingungen der Natur unsere eigenen Schwingungen. Außerdem hat die harmonische Schönheit der Natur eine heilende Wirkung auf unser Befinden. Die Weite der Natur, die Kraft des Lichts, die vielfältigen Farben und die wohltuenden Klänge sind »Futter« für unsere Sinne; die Stille der Natur wirkt beruhigend und kann uns helfen, wieder zu uns selbst zu finden. Zur Erdung kann schon beitragen, die Natur in Gestalt von Pflanzen in die Wohnräume und an den Arbeitsplatz zurückzuholen. Gartenarbeit, aber auch Spaziergänge im Park ermöglichen den unmittelbaren Kontakt zur Natur. Viel wirkungsvoller ist es

jedoch, von Zeit zu Zeit wieder mit dem Rucksack in der Natur zu wandern – einen ganzen Tag oder vielleicht sogar für eine oder zwei Wochen. All dies stärkt uns, erdet uns und führt uns zu uns selbst zurück.

Zurück ins Jetzt

Was meint der Dienstagszwerg damit? Nichts weiter als die simple Tatsache, dass die meisten Menschen, wenn sie wach sind, mit ihren Gedanken nahezu immer in der Vergangenheit oder in der Zukunft weilen, ganz selten aber im Hier und Jetzt. Von morgens bis abends sind wir mit Erinnerungen und der Aufarbeitung vergangener Erlebnisse oder mit Gedanken an die Zukunft beschäftigt – wir machen uns Sorgen, haben Ängste, oder wir hängen Träumen nach und malen uns Luftschlösser aus. Selten nehmen wir den gegenwärtigen Augenblick bewusst wahr. Das Leben ereignet sich aber immer nur im gegenwärtigen Augenblick; daher kann Erdung auch immer nur im Jetzt stattfinden. All dies mag schon oft gedacht, gesagt, beschrieben worden sein, und doch ist es für die meisten unendlich schwer, in der Gegenwart zu verweilen. Selbst wenn wir uns hinsetzen, um mal für zehn bis zwanzig Minuten in der Gegenwart zu verharren, sei es durch Meditation oder auch nur in der Arbeitspause, wird wohl jeder die Erfahrung machen, wie schnell die Gedanken in die Vergangenheit oder in die Zukunft entfliehen.

Der Ausweg? An sich ganz einfach: Wir sollten die

Aufmerksamkeit bewusst auf den gegenwärtigen Moment richten, und damit dieser einem nicht wie ein glitschiger Fisch durch die Finger gleitet, bieten sich zwei praktische Möglichkeiten an:

- Entweder wir richten unsere Aufmerksamkeit auf unseren Körper, zum Beispiel auf die Schritte beim Gehen und vor allem auf den Fluss des Atems. Natürlich werden wir anfangs feststellen, dass wir öfter abschweifen, doch schon bald werden wir uns besser auf unsere körperlichen Wahrnehmungen konzentrieren können.
- Oder unsere Aufmerksamkeit ist ganz auf eine Beschäftigung gerichtet, sei es die Gartenarbeit, das Aufräumen, ein Projekt im Job oder das Tennismatch, das wir bestreiten. Wir sind auf eine vorrangige Sache konzentriert und erreichen dabei einen Zustand, der uns nicht nur erdet, sondern der für unser Gehirn und unsere innere Verfassung wohltuend und stärkend ist. Ganz bei einer Sache zu sein – das ist letztlich auch eines der vorrangigen Ziele des Zen.

Mittwoch

Schrittmaß

Nicht die Größe der Schritte, sondern das rechte Maß entscheidet. Manchmal führen kleine und langsamere Schritte schneller zum Erfolg. Entscheidend ist dabei die Konzentration auf den jeweiligen Einzelschritt. Wir sollten also ganz bei dem sein, was wir tun, statt uns auf Multitasking zu verlegen – dieses Grundübel der Moderne. Das Schrittmaß richtet sich nach der individuellen Machbarkeit – lieber weniger und langsamer als zu viel und zu schnell. Die Entschleunigung kann den Menschen zu sich selbst zurückführen. Letztlich ist die Qualität der einzelnen Aktion viel wichtiger als die Quantität der Ereignisse. Das mag ein Umdenken erfordern, aber in der heutigen Zeit ist dies lebensnotwendig.

In kleinen Schritten wird es machbar

Auch wenn die Zwerge Elefanten nicht zu ihrer Lieblingsspeise auserkoren haben, wissen sie doch genau, wie man einen Elefanten isst: Man teile ihn in kleine Portionen und esse ihn Stück für Stück. Diese vielleicht etwas triviale Metapher zeigt in der Praxis beträchtliche Wirkung. Große Vorhaben, die, als Ganzes betrachtet, unüberwindbar erscheinen mögen, lassen sich, wenn man sie in Häppchen zerlegt hat, in kleinen Schritten mühelos umsetzen. Dies ist eines der besten Mittel, seinen inneren Schweinehund an die Hand zu nehmen, wenn er vor der Größe eines Vorhabens kneifen will. Bei der Größe der Schritte sollte man aber durchaus seinen inneren Schweinehund (mit anderen Worten: seinen Bauch) konsultieren, denn er braucht zwingend das Gefühl der Machbarkeit. Ohne dieses Gefühl haben Sie keine Chance, denn Ihr unsichtbarer Saboteur wird erbarmungslos versuchen, Ihr Vorhaben zu Fall zu bringen. Und auf Dauer (diese Erfahrung mussten leider schon viele machen) ist er fast immer stärker.

Angenommen, ein bislang eher unsportlicher Mensch möchte endlich etwas für seine Fitness tun und anfangen zu laufen. Sofort mit den oft empfohlenen 30 bis 45 Minuten zu beginnen wird wahrscheinlich als ein viel zu großer Schritt, eine Überforderung und damit für den inneren Schweinehund nicht machbar erscheinen. Wer sich den Anfang so leicht wie möglich machen will, könnte stattdessen mit nur zehn Minuten täglich starten und nach zehn Tagen auf 15 Minuten, nach weiteren zehn Tagen auf 20 Minuten, dann auf 25, dann auf 30 Minuten usw.

steigern. Also: mit kleinen Schritten und vermutlich mit dem Gefühl der Machbarkeit und dennoch auf Dauer mit großer Wirkung.

Diese Methode gilt für viele Lebensbereiche, bei der Entrümpelung von Haus oder Wohnung genauso wie bei beruflichen Großprojekten oder dem Erlernen einer Fremdsprache. Das soll aber keineswegs heißen, dass in manchen Fällen große Schritte nicht möglich und erfolgreich sein können, sondern nur klarmachen: Was im Großen nicht machbar erscheint, kann mit kleinen Schritten einfacher und sehr wirkungsvoll erreicht werden. Dies ist eine grundlegende Weisheit der Zwerge.

Konzentrieren Sie sich auf das, was Sie tun

Mit ganzer Aufmerksamkeit eine Tätigkeit auszuführen ermöglicht einem nicht nur, sie schneller und effektiver zu bewältigen; es führt zugleich zu einem Bewusstseinszustand, in dem wir ganz auf uns gerichtet sind; leider geschieht dies in der heutigen Multitasking-Welt immer seltener. Viel zu oft sind wir zwischen allen möglichen Dingen hin- und hergerissen und befinden uns also im Zustand geringerer oder gesteigerter Zerstreuung. Durch konzentriertes Handeln werden unsere mentalen Kräfte wieder gesammelt und gebündelt.

Neuropsychologische Forschungen haben ergeben, dass unser Gehirn störende Reize abhält, wenn wir konzentriert mit einer Sache beschäftigt sind. Was aber bedeutet eigentlich Konzentration? Es ist ein innerer Zustand, in dem wir mit unserer ganzen Aufmerksamkeit bei einer Sache sind; wir gehen dabei in dem, was wir tun, völlig auf. Stellen Sie sich vor, wie man Sonnenstrahlen mit einer Lupe bündeln und ein Blatt zum Brennen bringen kann. Konzentration auf eine Sache ist mit diesem gebündelten Sonnenlicht vergleichbar.

Abgesehen von der Leistung, die wir erbringen, und den Erfolgserlebnissen, die wir dabei haben, hat konzentriertes Tun noch weitere positive Effekte:

1. Je mehr wir bei der Sache sind, desto mehr treten unsere sonstigen Gedanken in den Hintergrund, insbesondere Sorgen und Probleme.
2. Die Zeit scheint stillzustehen, und wir sind mit unserer Aufmerksamkeit ganz im Hier und Jetzt – ein Zustand, auf den auch verschiedene meditative Praktiken abzielen.
3. Die Leistung ist nicht mehr primär das Ergebnis unserer Willenskraft, sondern ergibt sich fast wie von allein, von innen heraus – als würde sich eine immanente ureigene Kraft entfalten.

Und diesen Zustand der Konzentration und Sammlung, diese Fokussierung unserer geistigen Kräfte, kann man eigentlich bei fast jeder Tätigkeit im Alltag erreichen: beim Sport wie beim Lesen eines Buchs, bei Arbeiten wie beim Spielen, beim Musizieren wie beim Kochen, beim Bergsteigen wie bei der Gartenarbeit, bei einfachen Haus-

haltstätigkeiten wie bei der Reparatur des Autos oder Fahrrads.

Allerdings fällt es uns in der heutigen Zeit immer schwerer, uns zu konzentrieren und einer Sache mit unserer ganzen Aufmerksamkeit nachzugehen, denn wir sind zunehmend einer Reizüberflutung ausgesetzt. Während sich das Alltagsleben immer mehr beschleunigt, strömt über alle Medien wie Internet, Fernsehen, Radio, Zeitungen und Zeitschriften ständig eine Fülle von unzusammenhängenden und meist auch unwichtigen Informationen auf uns ein, die unser Gehirn nur ansatzweise verarbeiten kann. Überall kann das Handy klingeln und uns unterbrechen – egal, was wir tun –, bei einem Waldspaziergang ebenso wie bei einem romantischen Diner im Restaurant. Beim Fernsehen wird von einer Sendung zur nächsten gezappt, noch bevor die erste zu Ende ist, und viele sind sogar stolz darauf, mehrere Dinge gleichzeitig zu erledigen: Multitasking ist das Schlagwort. Während wir essen, schauen wir fern und blättern in einer Illustrierten. Neben unseren Akten surfen wir im Internet und führen ein wichtiges Telefongespräch. So tun wir vieles auf einmal, aber nichts konzentriert.

Neueste Forschungen mittels Kernspintomographie haben ergeben, dass unser Gehirn nicht zwei Aufgaben gleichzeitig mit hoher Aufmerksamkeit erledigen kann. Bei Doppelbelastung werden beide Tätigkeiten zwangsläufig schlechter ausgeführt. So verzetteln wir uns zwischen den verschiedensten Aufgaben und Informationen und schwächen mehr und mehr unsere Konzentrationsfähigkeit.

Wie sollen wir stattdessen vorgehen? Die Antwort der Zwerge ist ganz einfach: Wählen Sie ein Ziel, eine Aufgabe, und schirmen Sie für eine gewisse Zeit alle möglichen Störungen ab – Tür zu, Handy aus, Computer aus –, und richten Sie Ihre Aufmerksamkeit nur auf das, was Sie gerade tun.

Nehmen Sie das Tempo heraus

Ganz bei einer Sache zu sein heißt allerdings auch, nicht nur mit dem Kopf, sondern auch mit seinen Gefühlen in der Gegenwart zu sein. Und dies erfordert Entschleunigung. Das Tempo herauszunehmen ist nicht nur deshalb so wichtig, weil die Hektik um uns herum immer weiter zunimmt, sondern auch, weil unsere Gedanken und Gefühle in völlig unterschiedlicher Geschwindigkeit arbeiten. Mental sind wir unglaublich schnell, unser Gehirn registriert und verarbeitet Gedanken in Bruchteilen einer Sekunde. Wenn Sie dies testen wollen, halten Sie bitte einen Moment inne und denken jetzt einmal an einen weißen Eisbären, dann an ein rotes Flugzeug und schließlich an die deutsche Fahne. Was stellen Sie fest? Kaum, dass Sie die Worte gelesen haben, erzeugt Ihr Gehirn vor Ihrem inneren Auge das dazugehörige Bild – in einer kaum wahrnehmbaren Geschwindigkeit.

Gefühle hingegen benötigen weit mehr Zeit, um sich zu entwickeln. Versuchen Sie einmal, auf Kommando Trauer, Wut und nun auch wahnsinnige Verliebtheit zu empfinden. Eine merkwürdige Aufforderung? In der

Tat. Denn derartige Gefühle regen sich nicht so schnell. Wir können sie uns zwar schnell vorstellen, eine Empfindung kommt aber nicht auf. Der Unterschied zwischen mentalen und emotionalen Verarbeitungsprozessen ist vergleichbar mit dem Unterschied zwischen einem modernen Kommunikationssystem und einer Brieftaube. Versuchen Sie daher immer wieder, Ihr Lebenstempo zu drosseln und gelegentlich sogar zum Stillstand zu bringen. Desto mehr haben Sie die Möglichkeit, mental und emotional ganz bei einer Sache zu sein. Je besser Sie in der Lage sind, Ihr Lebenstempo zu verringern, desto eher wird sich Ihr Bewusstsein grundlegend verändern – in kleinen Schritten, machbar, nachhaltig.

Qualität geht vor Quantität

Der Appell, mit Blick aufs Machbare in kleinen Schritten eine Aufgabe konzentriert anzugehen, mag bei vielen den Einwand wecken, dass man auf diese Weise viel weniger erledigen und erleben kann. Vielleicht! Doch für unser inneres Erleben, für unsere Zufriedenheit und Erfüllung im Leben ist nicht die Quantität, die Häufigkeit der Erlebnisse entscheidend, sondern ihre Qualität – die Intensität des Erlebens im Augenblick, das Eintauchen in ein Geschehen. Häufiges und wiederholtes Erleben verwässert und schmälert unsere Eindrücke. Der fünfte traumhafte Sonnenuntergang am gleichen Ferienort wird selten genauso tief empfunden wie der erste. Die Häufung großartiger Ereignisse zerstört meist ihre Erlebnisqualität.

Denn: Lebensqualität ist nicht Lebensfülle, sondern Lebensintensität. Gönnen Sie sich also immer wieder die Möglichkeit, langsam, in kleinen Schritten, ungestört in das tiefe Erleben einer Tätigkeit einzutauchen.

Donnerstag

Selbstverantwortung

Sorgen Sie für sich selbst und Ihr Wohlergehen! Nehmen Sie sich Zeit für sich selbst, erlauben Sie sich, allein zu sein und auch immer wieder mal nichts zu tun. Entspannen Sie; schütteln Sie all Ihre Sorgen ab und gestatten Sie sich, die Gegenwart zu genießen. Fangen Sie jetzt damit an, warten Sie nicht ständig auf später, sonst stellen Sie vielleicht irgendwann fest, dass Sie Ihr Leben versäumt haben. Gut zu sich selbst zu sein hat nichts mit Egoismus zu tun. Nur wenn Sie für sich selber sorgen, können Sie auch anderen helfen. Das ist wahre Selbstverantwortung. Und dabei gilt: Beschweren Sie sich nicht ständig über Dinge, die schiefgehen, sonst beschweren Sie sich nämlich selbst – im wahrsten Sinne des Wortes. Missgeschicke und Widrigkeiten kann man mit Gelassenheit und Humor viel besser lösen. Voraussetzung ist, dass Sie dafür in einer guten inneren Verfassung sind. Das ist Ihre Verantwortung, also sorgen Sie für sich, und seien Sie ohne schlechtes Gewissen immer wieder gut zu sich!

Nehmen Sie sich Zeit für sich selbst!

Je geschäftiger und hektischer Ihr Leben ist, desto wichtiger wird es, sich immer wieder Zeit für sich selbst zu nehmen, um zu sich zu finden und aufzutanken – Zeit, ganz und ausschließlich für Sie allein, ohne dass Sie irgendetwas Bestimmtes tun müssen. Es ist die Zeit des Seins, nicht des Tuns – Zeit, die nicht strukturiert ist, in der Sie nicht wieder irgendein Ziel verfolgen, sondern einfach die Seele baumeln lassen können. Machen Sie sich bewusst: Beim Baumeln in einer Hängematte, beim Schaukeln als Kind hat man kein Ziel; man schwingt einfach hin und her. Und genau das brauchen Sie mehr, als Sie denken: einfach nur schwingen, sich im Augenblick treiben lassen, und zwar von innen getrieben – nicht von außen.

Schaffen Sie sich solche Zeit-Räume: Erlauben Sie sich gelegentlich, einfach nur das zu tun, wonach Ihnen gerade ist, was Ihnen spontan Spaß macht. Schauen Sie während solcher Momente möglichst nicht auf die Uhr – diese Zeit sollte »frei von Zeit« sein. Egal, ob es nur eine Stunde ist, die Sie im Park schlendernd spazieren gehen, in einem Café sitzen und die Menschen beobachten oder träumend auf Ihrem Sofa liegen: Widerstehen Sie der Versuchung, auch nur irgendetwas »Sinnvolles« tun zu wollen! Genießen Sie die Zeit, um einfach nur zu beobachten, sich selbst zu spüren – wie auch immer es Ihnen gerade gehen mag –, ohne etwas verändern oder bewerten zu müssen. Spüren Sie das Leben, wie es gerade ist.

Gönnen Sie sich Momente, in denen Sie allein mit sich selbst sein können: Momente, in denen keine Ansprüche

anderer, keine vermeintlichen Verpflichtungen Sie antreiben oder Ihnen gar ein schlechtes Gewissen bereiten können. Momente, in denen Ihnen niemand sagt, was Sie zu tun haben.

Für sich zu sorgen ist kein Egoismus!

Sie mögen vielleicht den Einwand erheben, in erster Linie für sich selber zu sorgen sei doch wohl recht egoistisch, kaum vereinbar mit dem Gebot der Nächstenliebe. Doch dies ist keineswegs ein Widerspruch. In der Bibel heißt es: Liebe deinen Nächsten wie dich selbst. Und das bedeutet ja genau genommen: Ich muss zunächst mich selbst lieben (also für mich sorgen), damit ich auch meinen Nächsten lieben (also für ihn sorgen) kann. Wer nicht stabil ist, kann andere nicht stützen. Und es ist nun mal die Verantwortung von jedem Einzelnen, zunächst für sich selbst zu sorgen – ohne schlechtes Gewissen –, dann kann man auch erst richtig für andere da sein.

Leider machen wir immer wieder die Erfahrung, dass in unserer Gesellschaft das Rückzugsbedürfnis nicht unterstützt wird. Im Gegenteil: Der Wunsch, allein zu sein, wird von vielen Mitmenschen kaum verstanden. Ist das nicht eigenartig? Sie können jede Entschuldigung vorbringen: eine geschäftliche Verabredung, einen Friseurtermin, Besorgungen oder eine Einladung – alles wird akzeptiert. Wenn Sie aber ganz offen sagen, »ich kann leider nicht kommen, denn diese Zeit habe ich für mich alleine reserviert«, wird man Sie wahrscheinlich als einen

egoistischen Sonderling erachten. Verrückt, nicht wahr? Nun, leider wird es Ihnen kaum gelingen, diese weitverbreitete Haltung zu verändern. Aber mit einem kleinen Trick können Sie sich die Zeitinseln sichern, ohne etwas vortäuschen zu müssen: Sagen Sie einfach, Sie haben einen wichtigen Termin, nämlich einen Termin in eigener Sache. Zeit, die Sie für sich selbst terminiert haben. Und Sie können in Ihren Timer auch »TIES« eintragen: Termin in eigener Sache. Sie allein wissen, was das bedeutet und was es Ihnen bringt.

... und warten Sie nicht auf später

Wie viele Menschen wiederholen fast gebetsmühlenartig: »Später! Später, dann werde ich ... Dann, wenn ...« Und tatsächlich geben Sie sich der Illusion hin, dass sie in der Zukunft irgendwann all das nachholen werden, was sie sich aufgrund der vielen persönlichen Verpflichtungen und beruflichen Vorhaben in der Gegenwart noch nicht gönnen können.

Wenn es schlecht läuft, kann es so enden wie in der Geschichte eines sehr erfolgreichen Geschäftsmannes, der sich »mit Leib und Seele« seinem Beruf verschrieben hatte. Für Privates hatte er nicht die geringste Zeit, doch er vertröstete sich und andere, einschließlich seiner Familie, auf später. Wenn er es erst geschafft habe, dann sei noch genügend Zeit – dann werde er große Reisen mit der Familie unternehmen, für seine Gesundheit sorgen, Tennis spielen, Bücher lesen und endlich mal richtig entspannen.

Ja, all das wollte er später nachholen … Dann aber hat das Leben ihn geschafft; der Herzinfarkt kam ihm zuvor und allen, die auf das lang ersehnte Später warteten. Auf seiner Beerdigung sagte seine zwanzigjährige Tochter: »Er war der tollste Mann, den ich nie kannte.« Auch sie hatte immer auf später gehofft. Doch nun war es zu spät!

Meistens meinen die Menschen es mit dem Später auch ernst. Doch in den meisten Fällen kommt das Später entweder nie oder viel zu spät, so dass das Versäumte nicht mehr nachgeholt werden kann. Warten Sie also nicht. Sie leben jetzt! Nehmen Sie sich hin und wieder Zeitnischen für sich selbst, dann brauchen Sie nicht ständig auf »später« zu warten.

… und beschweren Sie sich nicht

Sich zu beschweren gehört zum Alltag wie Verkehrslärm oder Grippewellen. Daher wird die Unsinnigkeit und Schädlichkeit dieses Verhaltens kaum noch bewusst wahrgenommen. Die Menschen beschweren sich, wenn der Kellner im Lokal nicht sofort erscheint oder eine Bestellung nicht wunschgemäß ausführt; sie beschweren sich, wenn im Hotelzimmer etwas nicht funktioniert, der Zug unpünktlich ist oder sie in einen Stau geraten. Sie beschweren sich über rücksichtslose Autofahrer, über idiotische Öffnungszeiten, über die Sturheit bürokratischer Beamter und die Absurdität politischer Entscheidungen. Und dabei sind sie tatsächlich davon überzeugt,

im Recht zu sein, und halten doch ihre Beschwerden für das einzig wirksame Mittel, um gegen das »Unrecht« anzugehen, das ihnen widerfährt. In der Regel ist ihnen gar nicht bewusst, dass sie mit ihrem vermeintlich berechtigten Ärger und den daraus folgenden empörten Zurechtweisungen nicht nur andere Menschen anklagen oder vor den Kopf stoßen, sondern in erster Linie sich selbst belasten. Im wahrsten Sinne des Wortes gilt: Wenn Sie sich beschweren, beschweren Sie sich!

Eigenartigerweise gibt es aber Menschen, die ganz anders mit Situationen umgehen, in denen etwas schiefgeht. Sie beobachten mit fast neugierigem Interesse, wie etwas ganz anderes eingetreten ist, als sie erwartet haben, und sie reagieren eher mit Verwunderung als mit Ärger. Sie können fast mit Humor feststellen, dass ihre Wünsche nicht erfüllt werden oder unvorhergesehene Ereignisse eintreten, die ihren Erwartungen zuwiderlaufen. Bei jeder Panne oder Widrigkeit haben Sie die Wahl zwischen vermeintlich berechtigter und ärgerlicher Beschwerde oder einer gelassenen Haltung von anfänglicher Verwunderung, neugierigem Interesse und Humor. Und dann können Sie immer noch freundlich und gleichzeitig entschieden die Initiative zu einer Lösung ergreifen. Also: Besser leicht lächeln als schwer wettern.

Freitag

Neugier

Haben Sie den Mut zur Neugier! Probieren Sie immer wieder Neues aus. Gehen Sie immer wieder neue Wege. Hören Sie nie auf zu lernen, und seien Sie offen für die Vielfalt des Lebens. Auch wenn es nicht immer leicht ist, sollten Sie sich immer wieder neuen Herausforderungen stellen; Sie müssen sich ja nicht gleich überfordern. Legen Sie die Latte immer wieder ein Stück höher, auf diese Weise werden Sie lebendig bleiben – wach und agil, bis ins hohe Alter. Grundvoraussetzung dafür ist natürlich, sich von Altem zu lösen – von materiellen Dingen genauso wie von unseren Überzeugungen –, sonst werden diese erstarren und uns geistig ersticken. Tragen Sie Menschen nicht ihre Verfehlungen nach. Nachsehen ist wirklich viel besser als Nachtragen. So werden Kopf und Herz wieder frei, und Sie gewinnen Energie für Neues. Auch dies mag Ihnen neu sein. Probieren Sie es aus, und Sie werden entdecken, wie viel erfüllter Ihr Leben dadurch wird.

Haben Sie Mut zu Neuem

Warum sind Kinder so lebendig? Und warum haben sie oft so viel Spaß im Leben? Weil sie offen und neugierig sind, weil sie den Mut haben, Neues auszuprobieren. Und sie machen es auch mit Leichtigkeit, weil sie weder Erfolgsdruck noch den Drang zum Perfektionismus haben. Erlauben Sie sich ab und zu, wieder wie ein Kind zu sein. Probieren Sie Neues aus, gehen Sie neue Wege. Haben Sie den Mut, sich anderen Menschen zu öffnen, neue Bücher zu lesen, neue Hobbys auszuprobieren, in fremde Länder zu reisen, und – das gehört genauso dazu – sich mit neuen Technologien vertraut zu machen. Das Neue ist das Elixier für Ihre Gehirnzellen. Und es belohnt Sie mit Dopamin, dem belebenden Wohlfühlhormon. Fordern Sie sich immer wieder aufs Neue heraus, gehen Sie immer wieder an Ihre Grenzen, allerdings – und das ist genauso wichtig – ohne sich dabei zu überfordern. Sie müssen es ja nicht gleich übertreiben, denn auch hier gilt: Zu viel Neues ist auch nicht gut.

Und natürlich können es auch kleine Dinge des Alltags sein, gewissermaßen kleine neue Schritte. Vielleicht probieren Sie mal ein neues Rezept aus oder einen neuen Kleidungsstil; Sie befassen sich mit einer neuen Musikrichtung oder mit einem bislang unbekannten Autor. Sie besteigen Berge, auf denen Sie noch nie waren. Oder Sie fahren einfach mal mit dem Fahrrad zur Arbeit statt mit dem Auto oder dem Bus. Und das heißt keineswegs, dass Sie sich auf Neues festlegen. Manches können Sie durchaus nach kurzer Zeit wieder verwerfen. Anderes hingegen mag in Ihnen etwas Neues wecken und auf die-

se Weise Ihren Horizont erweitern. Das Neue ist die Essenz der Lebendigkeit. Aktivieren Sie diese so oft wie möglich.

… und lernen Sie loszulassen

In unserer materialistischen Kultur neigen die Menschen eher zum Festhalten als zum Loslassen. Sobald sie Gefahr laufen, etwas zu verlieren oder aufgeben zu müssen, ist der erste Impuls, sich daran zu klammern. Verkrampfung und Starrheit sind die Folge, wenn man nicht in der Lage ist, im entscheidenden Moment loszulassen. Und dies gilt für die unterschiedlichsten Bereiche, für Dinge, die man keinesfalls verlieren will, wie die eigenen Ideen und Vorstellungen von dem, was man für richtig oder falsch hält. Es gilt für Menschen nach einer gescheiterten Beziehung genauso wie für Erfolge, die man mit aller Kraft erreichen will. Wir machen uns das Leben unnötig schwer, wenn wir in bestimmten Situationen nicht in der Lage sind, zu erkennen, dass wir nun einfach loslassen sollten. Einfach? Nein, das ist weder für die Zwerge noch für uns Menschen einfach. Doch je öfter wir es wagen, desto häufiger können wir die Erfahrung machen, dass gar nichts Schlimmes passiert – im Gegenteil. Meist werden wir erleichtert sein und uns viel freier fühlen. Und diese Erfahrung kann einen ermutigen, das nächste Mal leichter und schneller das freizugeben, was man so krampfhaft festzuhalten versucht.

Je mehr Sie lernen, loszulassen und gleichzeitig Uner-

wartetes und Neues zuzulassen, desto gelassener werden Sie und desto freier und intensiver können Sie das Lernen genießen.

Nachsehen statt Nachtragen

Wenn jemand einem ein Unrecht getan oder einen verletzt hat, weckt dies meist Ärger, Wut oder Groll. Eine Art innerer Automatismus scheint einen zu zwingen, die Sache der anderen Person nachzutragen und es ihr möglichst spürbar heimzuzahlen. »Das wirst du bereuen«, spricht eine innere Stimme, die einen nicht loslassen will, bis man sich gerächt und Genugtuung erlangt hat. So scheint eine dem Menschen weltweit angeborene innere Software zu funktionieren, die auch weltweit über Jahrtausende viel Zerstörung und Leid bewirkt hat – immer im Zeichen vermeintlich gerechter Rache. »Auge um Auge, Zahn um Zahn«, so steht es schon im Alten Testament, und geschrieben oder ungeschrieben, gilt es auch in fast allen anderen Kulturen der Welt. Das erfordert natürlich, den Anlass der Vergeltung nicht zu vergessen, ihn gewissermaßen der anderen Person nachzutragen. Nachtragen kann sehr anstrengend sein, in vielen Fällen wirkt es sogar äußerst destruktiv. Nachsehen, also Verzeihen, ist sicher viel heilsamer als das Nachtragen, und zwar nicht nur aus moralisch-religiösen Gründen. Warum? Zum einen befreit man sich durch den Akt des Vergebens davon, emotional an die andere Person gebunden zu bleiben und sich jedes Mal mit negativen Gefühlen zu plagen,

wenn man an sie denkt. Stattdessen setzt man blockierte Lebensenergie frei, die sich für sinnvollere Ziele einsetzen lässt, als auf Rache zu sinnen, die letztlich nichts bringt und meistens die Angelegenheit nur noch verschlimmert. Außerdem übernimmt man wieder die Verantwortung für sich und seine Handlungen und verzichtet auf die infantile Opferrolle – gemäß dem sinnlosen Motto »Mir geht es schlecht, weil …«. Erst wenn man diese Haltung aufgibt, ist man wieder handlungsfähig. Wer also erfüllt und innerlich friedvoll leben will, tut gut daran, anderen zu vergeben. Natürlich ist Verzeihen nicht leicht. Vielleicht haben auch Sie schon erfahren, wie schwer es fallen kann, jemanden, der Ihnen ein Unrecht getan hat, innerlich zu »entlassen«. Doch wenn es uns gelingt, geht es uns danach wesentlich besser. Versuchen Sie es, wenn es geboten erscheint: Es lohnt sich – um Ihrer selbst willen! Üben Sie sich im Nachsehen, lernen Sie, loszulassen und immer wieder neue Dinge anzugehen.

Samstag

Solidarität

Das Geheimnis einer guten Gemeinschaft beruht auf dem Bewusstsein, dass jeder für jeden mitverantwortlich ist. Dass gilt für die Waldgemeinschaft der Zwerge wie für unsere Gesellschaft. Im Bewusstsein der Gemeinschaft ist man stärker, erfolgreicher und zufriedener. Freundschaften bieten Sicherheit und sind die Wurzeln des Glücks im Leben. Deshalb sollten wir auf gute Nachbarschaft achten, Teamworker sein, andere unterstützen und uns gegenseitig helfen. Mit einem starken Wir-Gefühl wird niemand schwierige Situationen allein bewältigen müssen. Unsere Ressourcen mit anderen zu teilen und uns für andere zu engagieren nützt nicht nur der Gemeinschaft, sondern auch uns selbst. Geben ist zwar nicht automatisch besser als Nehmen, doch wer gibt, wird durch den Akt des Gebens selbst bereichert.

Nutzen Sie die Kraft der Gemeinschaft

Gemeinsames Handeln tut gut. Ja, es ist einer der besonders erfüllenden Faktoren im Leben der Menschen (wie ganz offensichtlich auch der Zwerge). Eine Herausforderung durch gemeinsamen Einsatz mit anderen gemeistert zu haben kann Freude und Glücksgefühle auslösen, denn gemeinsames Erleben verbindet – im Moment selbst, aber auch langfristig. Zu Menschen, mit denen wir etwas gemeinsam erlebt, genossen, erkämpft oder auch durchlitten haben, fühlen wir uns hingezogen; es entsteht eine innere Verbundenheit. Ob auf einer gemeinsamen Reise, im sportlichen Wettkampf oder bei der Arbeit an einem Projekt im Team: Das An-einem-Strang-Ziehen schweißt zusammen, insbesondere wenn wir gemeinsam eine alle betreffende Notlage meistern. Die Teilnahme an einem bestimmten Ereignis schafft eine Verbindung zwischen Menschen jenseits der kognitiven Wahrnehmung – auch wenn es sich nicht um sympathische Mitmenschen oder Gleichgesinnte handelt. Bei allem, was Menschen gemeinsam tun, kann eine gleiche Schwingung entstehen. Es bedarf dazu nicht unbedingt einer gemeinsamen Wellenlänge oder Interessenlage; sie entsteht aus dem gemeinsamen Handeln heraus, das die Teilnehmer verbindet.

Gemeinsames Handeln befriedigt unser Urbedürfnis nach Zugehörigkeit und Geborgenheit, unseren sozialen Instinkt. In unserer heutigen Gesellschaft lösen sich Familienverbände und Dorfgemeinschaften immer mehr auf; mit der zunehmenden Vereinzelung nimmt die Ellenbogenmentalität zu; angesichts dessen wächst natürlich das Bedürfnis nach Geborgenheit und zwischen-

menschlicher Bindung. Einsamkeit und Ausgrenzung schlagen auf das Gemüt; sie aktivieren die Stresshormone und beeinträchtigen das Leistungsvermögen. Das Gefühl der Zugehörigkeit und Geborgenheit wirkt sich wohltuend auf unsere seelische Verfassung aus, es stärkt unsere körperlichen und geistigen Kräfte. Nutzen Sie dieses Wissen, wenn es darum geht, sich in einem Team, einer Gruppe, einer Gemeinschaft einzubringen und zusammenzuwirken.

... und engagieren Sie sich für andere!

Es erscheint kaum möglich, ein erfülltes Leben zu führen, ohne sich auch für seine Mitmenschen zu engagieren. Der Trend der vergangenen dreißig Jahre hat gezeigt, dass Egokult und isolierte Selbstverwirklichung meistens nur zu Frustrationen und Einsamkeit führen. Vor allem immer mehr junge Menschen scheinen sich auch danach zu sehnen, von der Gesellschaft gebraucht zu werden. Etwas für andere zu tun, sich helfend einzusetzen – in welcher Form auch immer – scheint nicht nur bei uns, sondern in allen Kulturen Grundbestandteil eines erfüllten Lebens zu sein. Warum? Warum ist es sinnvoll und so wichtig, auf welche Weise auch immer einen Beitrag zum Wohl des Gemeinwesens zu leisten? Es geht dabei nicht um moralische Verpflichtung, sondern das Entscheidende ist: Wir tun uns dadurch selbst etwas Gutes. In erster Linie kann das Engagement für andere unserem Leben einen tieferen Sinn geben, der Zufriedenheit schafft und uns er-

füllt. Wir haben offenbar ein tiefes Bedürfnis nach sinnvollem Tun. Gleichzeitig kann der Einsatz für andere Menschen, die oft unter viel schwierigeren Umständen leben, uns aus der Enge der eigenen Lebenssituation lösen und wieder bewusst machen, wie gut es uns eigentlich geht. Engagement und Solidarität fördern die Fähigkeit zu Mitgefühl, Verständnis und eigener Zufriedenheit; sie können eine persönliche Horizonterweiterung bewirken. Nicht umsonst gilt in allen Kulturen der Einsatz für andere als Voraussetzung für persönliche Reife. Wer nur für sich selbst lebt, kann niemals über sich hinauswachsen. Und schließlich führt der Einsatz für andere zu einem sofortigen Return on Investment. Wenn wir etwas für andere tun, dann tut es uns selber gut; wir erfahren Belohnung unmittelbar im Moment der Handlung.

... und nehmen Sie sich Zeit für Familie und Freunde

Fast alle älteren Menschen werden bestätigen, dass die Zeiten, die sie mit nahen Angehörigen und guten Freunden verbracht haben, zu den wertvollsten Phasen im Leben gehören. Familie, Freunde und Bekannte sind die wichtigsten Säulen im zwischenmenschlichen Kontakt. Wer hier Zeit investiert und Zuneigung aufbringt, wird mit mehr als Geld entlohnt. In vielen Kulturkreisen bestehen noch sehr enge Familienbande. Wenn sie an Stabilität verlieren, müssen gute Freunde das soziale Netz bilden. Sie können einem Geborgenheit und Sicherheit

geben und in vielen Lebenslagen helfen. Ein guter Freund ist nicht mit Gold aufzuwiegen. Nehmen Sie sich also so viel Zeit wie möglich – für ihre Familie, vor allem ihren Partner und ihre Kinder, und für ihre Freunde. Sie festigen dadurch das wohl wertvollste Kapital, das es im Leben gibt.

Sonntag

Hoffnung

Nutzen Sie die Kraft Ihrer Visionen und Träume. Es ist besser, Sie haben hundert Träume und verwirklichen nur einige davon, als dass Sie keine mehr haben. Und lassen Sie sich nicht abhalten, sie Gestalt werden zu lassen. Malen Sie sich nicht aus, was alles schiefgehen könnte, sondern gehen Sie mutig den ersten Schritt. Mit Niederlagen werden Sie besser zurechtkommen, als Sie ahnen. Scheitern wird oft zum Trampolin für die nächsten Erfolge. Vertrauen Sie auf Ihre inneren Kräfte, und geben Sie die Hoffnung nie auf. Bewahren Sie vor allem Ihr heiteres Gemüt. Lachen Sie, auch wenn mal etwas schiefläuft, und bewahren Sie Ihr Lachen auf dem Weg des Lebens.

Träume und Visionen

Viele Menschen denken, Träume und Realität seien zwei Paar Stiefel. Wünsche solle man sich für Weihnachten oder die gute Fee aufheben. »Wer kann schon tun, was er will?«, entgegnen sie einem. Doch wenn wir nicht mehr träumen, werden wir keine Visionen entwickeln und uns keine neuen Ziele setzen. Unser zukünftiges Leben wird kaum besser sein als das vergangene. Träume und Visionen hingegen entfalten die stärkste Motivationskraft, die es im Leben gibt. Warum ist es so wichtig, eine Vision, ein klares Bild von der Zukunft zu haben? Nun, es entspricht der Arbeitsweise unseres Gehirns, das in erster Linie über Bilder gesteuert wird. Wir können nur das erreichen, was wir uns bildhaft vorstellen können. Und je klarer unsere Vision ist, desto stärker ist ihre Anziehungskraft und desto größer ist damit die Wahrscheinlichkeit, die richtigen Mittel und Wege zu finden, um sie zu verwirklichen. Der Glaube an unsere Visionen kann Berge versetzen – nicht nur Zwerge versetzen also Berge! Visionen wirken auf unsere Gedankenkraft wie ein Magnet; sie wecken und bündeln unsere Energie und verleihen ihr durchschlagende Kraft. Geist bewegt Materie. Jeder Veränderungsprozess beginnt im geistigen Bereich. Bedenken Sie also, dass Ihre Visionen und Träume die Quelle Ihrer Inspiration bilden. Sie geben Ihnen das Gefühl, an einer wichtigen Sache zu arbeiten, und vermitteln eine innere Identifikation, so dass Sie nun wissen, wofür Sie aufstehen, wofür Sie kämpfen und wofür Sie sich anstrengen. Sie geben Ihren Handlungen Sinn, denn diese sind Teil Ihres Bildes; sie geben Ihnen die Richtung und helfen Ihnen, sich auch in schwierigen Situationen zu orientieren. Außerdem relativieren sie die Bedeutung so mancher Alltagsprobleme. Diese Erfahrung haben schon viele gemacht. Sie können das Gleiche erleben.

Mut und Selbstvertrauen

Oft gilt es im Leben nur den ersten Schritt zu wagen, dem entgegenzutreten, wovor wir uns ängstigen. »Tue, was du fürchtest, und die Furcht stirbt einen sicheren Tod«, lautet ein Weisheitsspruch. Ein Kind, das voller Angst zum ersten Mal auf dem Dreimeterbrett steht und sich dann überwindet, ins Wasser zu springen, macht mit hoher Wahrscheinlichkeit die Erfahrung, dass all seine Befürchtungen unbegründet waren. Wenn es hingegen seiner Angst nachgibt und wieder die Leiter runtersteigt, wird sie immer größer und gewinnt immer mehr an Macht. Wer hat diese Erfahrung nicht schon gemacht? Die gefürchtete Prüfung war viel machbarer als gedacht, die Aussprache mit dem Chef harmloser als erwartet, eine vermeintlich schwere Aufgabe viel leichter als vermutet. Doch diese Erfahrungen kann man nur machen, wenn man den ersten Schritt wagt und sich der Herausforderung stellt. Manchmal gilt es tatsächlich, den ersten Schritt vorsichtig zu tun, um daraus den Mut für den nächsten zu schöpfen. Je öfter man die Erfahrung macht, dass die Furcht nachlässt, wenn man das Gefürchtete wagt, desto größer wird auch das eigene Selbstvertrauen und damit die Bereitschaft, den entscheidenden Schritt immer häufiger zu tun.

Der innere Airbag

Entscheidend dabei ist unser Vertrauen in die Fähigkeit, Schwierigkeiten, ja sogar schwere Schicksalsschläge meistern zu können. Die meisten Menschen überschätzen die Intensität ihrer negativen Gefühle. Sie stellen sich künftige Ereignisse falsch vor, weil sie sich zu sehr von ihrer augenblicklichen Stimmung leiten lassen. Außerdem werden Informationen über mögliche Gefahren zuerst in der Emotionszentrale des Gehirns verarbeitet, bevor sie in die Denk- und Kontrollinstanz des Großhirns gelangen.

Verstärkt wird die Fehlprognose, wenn man seine emotionalen Schutzmechanismen nicht kennt. Viele unterschätzen die Fähigkeit und Schutzkraft ihres geistigen Immunsystems, das heftigen Emotionen schnell die Wucht nimmt. Emotionen sind nämlich keine konstanten Größen, sondern wirken wellenartig und klingen mit der Zeit ab. Starke Gefühlsausschläge aktivieren unser Immunsystem. Das geschieht zu unserem eigenen Schutz, denn starke Erregungszustände sind für den Körper belastend und verhindern einen gelassenen Umgang mit der Situation.

Die Erfahrung zeigt, dass sich das innere »Wohlfühlbarometer« selbst nach einem gravierenden Schicksalsschlag schnell wieder auf dem alten Niveau einpendeln kann. So kommen beispielsweise manche Menschen in relativ kurzer Zeit mit einer körperlichen Behinderung emotional zurecht; sie können sich an die neue Situation mit all ihren Schwierigkeiten anpassen, dabei wäre ihnen dies vorher unvorstellbar erschienen. Je mehr wir lernen, auf dieses geistige Immunsystem zu vertrauen, das gewissermaßen wie ein innerer Airbag funktioniert und uns auffängt, desto größer werden das eigene Selbstvertrauen und die Zuversicht im Leben sein.

Heiterkeit und Humor

Schließlich ist es von unschätzbarem Wert, wenn wir auch in schwierigen Situationen unsere Heiterkeit bewahren und eine gute Portion Humor entwickeln. Das heißt keineswegs, dass wir die Dinge nicht mehr ernst nehmen sollen, aber es kann helfen, manches nicht so verbissen anzugehen. Heiterkeit und Humor wirken auf uns wie Medizin. Mit Humor schaffen wir es, den Widrigkeiten und Unzulänglichkeiten des Daseins gelassen zu begegnen. Wenn der Mensch lacht, genesen Körper und Seele; die schädlichen Stresshormone Adrenalin und Cortisol werden abgebaut und die Abwehrkrafte gestärkt. Und wir entspannen – wenn wir lachen, hat unser Gehirn eine Erholungspause, bei der es die Alltagsprobleme ausblendet. Wer über sich selbst zu lachen lernt, entwickelt heilsamen Mut zur Unvollkommenheit und kann entspannter und gelöster durchs Leben gehen.

Heiterkeit und Lachen bewirken durch die Ausschüttung der Endorphine auch Glücksgefühle. Menschen mit Sinn für Humor haben gegenüber den Widrigkeiten des Lebens eine Art Puffer, der ihnen hilft, auch schwierige Situationen durchzustehen, ohne dass es an ihrer Stimmung nagt. Lernen Sie also, den Widrigkeiten des Lebens mit Humor und Heiterkeit zu begegnen, und geben Sie nie die Hoffnung auf. Wie leicht das im Grunde gelingen kann, das zeigen uns die verschmitzten Gesichter der sieben Zwerge hinter den sieben Bergen.

HOFFNUNG

Nie aufgeben und die Hoffnung bewahren: Unsere Träume und Visionen sind es wert, dass wir an sie glauben und sie umsetzen.

PERSPEKTIVE

Öfter die Perspektive wechseln: Die beste Lösung für ein Problem finden wir, wenn wir es von mehreren Seiten betrachten.

SELBSTVERANTWORTUNG

Sich Zeit nehmen, alle Sorgen abschütteln und den Augenblick genießen: Wenn wir zufrieden in uns ruhen, können wir auch anderen helfen und Gutes tun.

CHRITTMASS

nichts überstürzen
dem Weg zum Erfolg:
ße Ziele erreichen wir
er mit kleinen, wohl
erlegten Schritten.

NEUGIER

Immer neugierig bleiben: Neue Erfahrungen machen wir nur, wenn wir ausgetretene Wege verlassen.

ERDUNG

Nicht die Bodenhaftung verlieren: Unsere ganze Aufmerksamkeit sollte sich auf die vorrangige Aufgabe richten.

SOLIDARITÄT

Gemeinsam handeln: Mit der Kraft des Wir-Gefühls erreichen wir viel mehr als mit einsamen Entscheidungen.